LA BIBLIOTECA DEI COMICISSIMI

Giobbe Covatta

Sesso!
Fai da te!

Tradotto da Paola Catella

Disegni di David Vecchiato

2ª edizione

Questo libro è dedicato a don Ginepro,
il prete di quando ero bambino, che,
per evitare che ci toccassimo, ci toccava lui.
Bontà divina!

Ringraziamenti e dediche

La stesura di questo libro è stata possibile grazie a Paola Catella, che vorrei ricordare per tutto ciò che ha fatto nella fase della lavorazione e nelle pause della lavorazione, apportando la sua grande esperienza di scrittrice nel primo caso e di informata sui fatti nel secondo.

I

L'uomo e la donna

Cari piccoli lettori, so che pendete dalle mie labbra e non vedete l'ora di scoprire, grazie a questo libro, tutti i segreti grandi e piccoli riguardanti il sesso e l'amore. Quindi bando alle ciance e cominciamo dall'inizio.

La prima cosa che dovete sapere è che uomo e donna si sono evoluti insieme, fianco a fianco. E questo dimostra che la femmina della razza umana è l'animale più coraggioso che esista in natura, l'unico che riesca a sopportare un uomo a fianco per tutta la vita: esperienza terribile, che nessun altro essere vivente è in grado di sopportare, a meno che non si tratti di un militare.

La donna è anche quella che ha fatto il maggior sforzo per cercare negli anni di avvicinarsi all'uomo, commettendo per altro il suo errore storico maggiore: se invece di cercare di diventare come l'uomo avesse cercato di far diventare l'uomo come lei, forse le cose oggi sarebbero migliori.

Ma ormai quel che è fatto è fatto, non ci pensiamo più e cerchiamo piuttosto di ricostruire le tappe principali dell'evoluzione della razza umana.

Tanti e tanti e tanti e tanti secoli fa, forse anche di più, l'uomo ancora non calpestava la faccia del nostro pianeta: al suo posto lo faceva una razza i cui maschi erano detti **ominidi** e le femmine **donnettole**.

Con l'evoluzione e centinaia di secoli, siamo arrivati a una razza più perfezionata il cui maschio era detto **cercopiteco** e la femmina **cercosusanna**.

Alcuni recenti ritrovamenti fossili ci hanno lasciato intuire la presenza dell'**uomo di Neanderthal** risalente al Mesozoico; della **donna di Neanderthal** non se ne è trovata traccia neanche nel Pleistocene: forse era dal parrucchiere.

Erano tempi bui e i nostri progenitori non conoscevano l'ironia. Gli uomini non sapevano ridere, mangiavano carne cruda, morivano a ventotto anni, il loro ideale di donna era la Venere di Willendorf e si accoppiavano due o tre volte l'anno: certo c'era poco da ridere!

STATUETTA FEMMINILE DENOMINATA "VENERE DI WILLENDORF", PALEOLITICO SUPERIORE. UNO DEI PRIMI ESEMPI DI SEX-SYMBOL.

Ma ecco che duecentotrentamila anni fa apparve l'**homo erectus**, e quarantamila anni dopo arrivò l'**homo moscius**; tra i due ci fu il buio periodo dell'**homo barzottus**, poco conosciuto ai più. Emeriti studiosi hanno inoltre appurato che la donna, nell'arco di tempo che va dall'homo erectus all'homo moscius, subì notevoli mutazioni, divenendo via via sempre più insoddisfatta e intrattabile.

Il ritrovamento di alcuni resti dell'**uomo proiettile** e della **donna cannone**, per anni ha fatto ipotizzare un drammatico periodo bellicoso nello sviluppo della razza umana. Solo il fossile con la scritta *Barnum* ha chiarito le idee agli studiosi.

Con l'avvento dell'**homo sapiens** e **donna Summer** inizia tra gli esseri umani una progressiva differenziazione di razze e di abitudini. Infatti un primo ceppo umano, emigrato verso la Svezia e la Norvegia, prese il nome di **hominus bianco** per via del colorito pallido, mentre un secondo ceppo, dedito alla coltivazione di piante stupefacenti, fu definito dagli scienziati **homo bucato. Homo in lavatrice** apparve sedicimila anni più tardi.

Col passare degli anni le razze si sparsero su tutta la terra, evolvendosi sempre più e differenziandosi tra loro per usi, costumi, caratteristiche. Ma le differenze più macroscopiche non sono tra razza e razza, bensì tra maschi e femmine della medesima razza. E nonostante la scuola Radioelettra di Torino abbia organizzato dei corsi per corrispondenza con diploma in «Comprensione tra i sessi», per il maschio la donna è sempre e comunque un animale misterioso e imperscrutabile e, come tutte le cose che non si capiscono, fa paura. Nasce così intorno al mille l'identificazione della donna in **strega**: un essere mostruoso capace di qualsiasi nefandezza. Ma cos'è una strega? vi chiederete voi giovani discepoli. Ve lo dico io: altro non è che un liquore d'erbe che si beveva in occasione dei sabba, antiche feste che si tenevano per l'appunto di sabbato. Durante queste feste si bevevano liquori, si ballava e si prendevano pasticche che ti mandavano in estasi, la cui antica ricetta si è tramandata fino ai nostri tempi. Siccome le feste erano all'aperto, spesso le donne si raffreddavano e gli veniva la febbre del sabba sera: occhi lacrimosi, naso gocciolante, colorito verdognolo. Così conciate facevano una tale impressione da sembrare delle streghe. Esse si estinsero presto, non a causa degli incidenti stradali come accade oggi, bensì a causa della Santa Inquisizione.

Ma veniamo ai nostri giorni e cerchiamo di analizzare alcuni dei tipi più comuni di donna moderna, vedendo quali sono i problemi che si creano nel rapporto con l'uomo moderno.

Un tipo di donna molto diffuso è la **romantica**. Il romanticismo è una caratteristica propria della femmina umana, ma è spesso destabilizzante per il maschio. Facciamo degli esempi: prendete un uomo e una donna... Presi? Bene! Ora metteteli a letto insieme. Fatto? Bene! Aspettiamo ora che abbiano fatto l'amore. A questo punto nel letto si è creata una temperatura di 48.000 gradi centigradi e ci sono rotolini di mutande in ogni dove, tanto da sembrare la gabbia di un criceto. L'uomo è sudato e ansimante come tutti e due i fratelli Abbagnale dopo una gara, e in questo lei incautamente si avvicina e con voce flautata gli dice: « Mi fai le coccole?... » Ora, come è facile intuire, il romanticismo va a sfociare nella follia, perché dovrebbe saperlo, l'incosciente, che se non si allontana subito di due metri il povero maschio sara costretto a sferrarle un cazzotto nel fegato! Ma la romantica, si sa, è fatta così e non si da per vinta: vuole dormire abbracciata tutta la notte, facendo venire all'uomo delle formichine sul braccio grosse come tacchini; lo vuole baciare la mattina, appena sveglio, momento in cui quello sarebbe capace di ammazzare un cammello a sei metri di distanza con un solo sospiro; è capace di parlare per ore e ore con la vocina da bambina: « Amole, amole mio, cosa gli vollesti fale alla tua bambina piccolinaa... » Cosa può rispondere un povero uomo se non « Ti vorrei dare un colpo di machete in mezzo alla fronte se non la smetti di parlare come una deficiente, visto che sei un avvocato »?!

Ma il romanticismo non è l'unico motivo di incomprensione tra maschio e femmina. Prendiamo un altro tipo di donna piuttosto diffuso nella nostra società basata sulla bellezza fisica, cioè la donna **insicura**. All'interno di questa categoria bisogna poi fare una sottodivisione, tra insicure ottimiste e pessimiste. Le **insicure ottimiste** sono quelle che cercano di convincere il maschio del loro stato di grazia, con frasi tipo: «Non ho molti peli, vero?», «Non sono ingrassata troppo, vero?», «La cellulite mi è sparita quasi del tutto, vero?», mostrando una porzione di coscia che si differenzia da un Buondì Motta solo perché il Buondì non ha il reggicalze. Ella vuole fare a tutti i costi la prova delle cento lire per vedere se mettendole sotto il seno cascano o si mantengono, quando si vede a occhio nudo che non basterebbero due milioni e ottocentomila lire in Bot, e che poi bisognerebbe andare a denunciarne la scomparsa in banca. Anche questo tipo di donna crea molta ansia nell'uomo, ma le **insicure pessimiste** sono peggio. La loro risposta ricorrente a ogni complimento è: «Se dici che sono carina allora vuol dire che sono un mostro». L'uomo rinuncia a capirle.

Un altro tipo di donna che crea grande disagio al maschio è la donna **iperattiva**. Ce ne sono alcune che mentre sono a letto con un maschio sono capaci di fare il caffè, di lavare i piatti, caricare la lavatrice, portare a scuola il bambino, senza mai smettere di fare l'amore.

Un tipo di donna meno diffuso ma estremamente destabilizzante per l'uomo è la donna **libidinosa**. Questo esemplare è di solito facilmente riconoscibile: i primi sintomi si manifestano quando, scorto un maschio da lontano, ella, socchiudendo un po' gli occhi, caccia quei trenta o trentacinque centimetri di lingua, a mo' di cotoletta alla milanese, e comincia dapprima a umettarsi le labbra, poi tutte le guance, finendo poi per umettarsi anche le orecchie. Porta quindi in fuori il possente torace per sottolineare tutta la prepotenza del suo fisico, su cui basa la sua seduzione, visto che i lineamenti del volto ricordano un poco quelli di Fernandel. A questo punto il maschio adocchiato, lusingato ma perplesso, si volta a vedere se c'è qualcuno dietro di sé. Ma visto che in giro c'è solo lui, diventa lusingato ma preoccupato. Lei lo raggiunge in un angolo buio, si apre la camicia facendo saltare tutti i bottoni, poi apre la sua allo stesso modo e il pover'uomo si trasforma in lusingato ma incazzato perché quella camicia gli piaceva molto. Appena il maschio la tocca la femmina inizia a ululare come un licantropo. Quindi comincia la fase dei baci, che per il maschio significa ritrovarsi trentacinque centimetri di cotoletta che gli entra in un orecchio e gli esce dall'altro. Nel giro di un minuto e quattordici secondi lei è a casa di lui, nel suo letto, dove nel giro di un minuto e quattordici secondi consumano un quantitativo x di botte a muro, tric trac, rauti, petardi e bengala. Poi la calma totale, rotta solo dalle parole di lei: « Egoista, hai pensato solo a te... » Lui la guarda e con voce calda ribatte: « Stai mentendo solo per farmi piacere, vero? » E sogna di avere vicino al comodino una leva mediante la quale azionare una catapulta che la scagli fuori dalla finestra. E allora tra sé e sé si domanda: « Perché me la sono portata a letto? » E si risponde: « L'uomo non è di legno! » E questo è il suo ultimo pensiero prima di addormentarsi.

Tutti questi esempi portano alla stessa conclusione: l'incomprensione tra maschio e femmina della razza umana è quasi esclusivamente di tipo sessuale. Infatti, nonostante lo sviluppo culturale e tecnologico, nella maggior parte dei casi l'uomo è rimasto un animale. Ancora oggi per molti di loro donare gli organi alla scienza significa andare a letto con la professoressa di biologia. Per l'uomo il rapporto sessuale è una specie di concorso a premi: la pipilla è una cosa che si vince, come il prosciutto alla festa dell'Unità.

Ne deriva che, sin dalla notte dei tempi, il **SESSO** è la causa fondamentale della grande incomprensione tra maschio e femmina della razza umana.

Qualcuno fra voi, cari miei piccoli apprendisti, potrebbe quindi suggerire di abolire il sesso per far riconciliare l'uomo e la donna. Ma che bella proposta idiota! Per fortuna questa soluzione non è praticabile, primo perché ci annoieremmo tutti moltissimo, secondo perché il sesso è un'esigenza fondamentale della vita stessa. Pensate solo a cosa succederebbe se la parola « sesso » non esistesse: bisognerebbe parlare di biciclette degli angeli, il motto dei metallari diventerebbe « sfogliatelle, droga e rock & roll », la Thailandia sarebbe reclamizzata come il paese della locomotiva e così via...

Sarebbe un mondo senza senso, e questo dimostra come il sesso sia l'attività fondamentale nel mondo animale e umano.

Chi si dedica a tale attività con eccessivo zelo e in maniera esagerata viene detto **lussurioso**, che non è un complimento, in quanto la lussuria è uno dei sette vizi capitali, insieme con Gola, Accidia, Brontolo, Eolo, Servo Tullio, Tullo Ostilio, Palatino, Esquilino e Quirinale. Sono soci ad honorem della categoria dei lussuriosi sia Fede che Liguori in conseguenza della loro infaticabile attività di lecca culo. È curioso constatare come tra i peccati la Chiesa contempli la lussuria e non annoveri il traffico di armi, il traffico di stupefacenti, il sequestro di persona, la corruzione di pubblico ufficiale e la corruzione di minorenne. Tutto questo dimostra come la Chiesa ha sempre avuto una particolare idiosincrasia per il sesso: infatti non c'è stato Papa che non abbia scritto volumi e volumi contro le pratiche sessuali. A questo punto perfino a voi, piccoli cari innocenti, sorge un dubbio legittimo: come fa il Papa a sapere tutte queste cose sul sesso se non lo ha mai fatto? Sarebbe come se Gandhi avesse scritto libri di ricette, come se Riina scrivesse un libro di educazione civica, come se la Lambertucci scrivesse un libro di diete, come se Sgarbi scrivesse un libro, come se Valeria Marini scrivesse...

Nessuno è mai riuscito a far luce su questo mistero, cari i miei cuccioli, e la Chiesa ha continuato nel corso dei secoli a dettare in campo sessuale leggi e regole di raro sadismo. Basta citare, ad esempio, il suo capolavoro: l'uso della **circoncisione**, che non è, come molti di voi possono erroneamente pensare, il momento in cui un naziskin perde la testa. Per circoncisione si intende infatti il taglio e l'asportazione del prepuzio, secondo regole precise: l'importante è non esagerare con la sfumatura alta e ricordarsi dopo il taglio di buttare il pezzo più piccolo. Per quanto riguarda il naziskin va invece buttato il pezzo più grosso.

La circoncisione femminile si chiama invece **infibulazione** e consiste nell'applicazione di un anello che costringe la donna a rimanere fedele: c'è chi l'anello lo mette al dito e chi alla pipilla... In alcune società si sostituisce addirittura il clitoride con una pietra preziosa, mediante una piccola operazione chirurgica: come si dice, un diamante è per sempre!

Anche in tempi più recenti la Chiesa ha continuato ha scagliare i suoi fulmini, basta pensare alla strenua battaglia contro il profilattico: se si continua così più che l'8 per mille dell'Irpef ci sara l'8 per cento in più dell'herpes. Eppure fu proprio il Signore che disse « Andate e riproducetevi »: possibile che intendesse con la fotocopiatrice? Ma state tranquilli, se a Dio non piacesse il sesso ci avrebbe fatto come la Barbie e Big Jim. È anche vero però che se a Dio piacesse avrebbe fatto le cose più semplici... La cosa più probabile è che a Dio non gliene importi niente.

E allora toccherà a me, cari piccoli adepti, chiarire i dubbi che certo affollano le vostre giovani mentine:* non fare sesso per niente o farlo male, questo è il vero, imperdonabile peccato.

---

* Mentine = giovani menti.

Per evitare che questo accada bisogna colmare le proprie lacune sull'argomento, mediante lo studio e l'applicazione. A tale scopo esistono alcuni testi fondamentali che bisogna citare.

Il più antico e famoso di tali testi è senza dubbio il *KAMASUTRA*. Parliamo naturalmente della versione classica di questo libro, anche se ne esiste una scritta da un bramino napoletano dal titolo *CA ME TRASE* che non ha avuto molto successo. Ma la verita è che del Kamasutra come del Vangelo tutti ne parlano e nessuno l'ha mai letto. La descrizione delle posizioni erotiche occupa sì e no due paginette, mentre il resto del libro è un manualetto di buone maniere. Il povero bramino che lo compilò quattromila anni fa non avrebbe mai immaginato che sarebbe diventato tanto famoso per cose che non aveva mai scritto.

Un altro testo fondamentale del sesso, meno antico del Kamasutra, ma molto più diffuso, è *Playboy*: giornale che deve la sua fama alle mitiche Playmate, donne del mondo della fantascienza che non esistono nella realtà, anzi, ne sono distanti anni luce. Infatti tali marziane sono il frutto di complicati esperimenti biologici: esse vengono coltivate in apposite serre, dove una volta al mese arriva l'uomo Del Monte, il quale tocca un paio di zizze e poi dice « Sì, questa è pronta! » La prescelta allora viene presa, fotografata e messa sul giornale, *Playboy* per l'appunto. Dopodiché viene sistemata in formalina in un grosso barattolo di vetro ed etichettata: Playmate di marzo, Playmate di dicembre ecc. Quelle che non risultano perfette vengono buttate, purtroppo in discariche abusive. Se fossimo un paese civile applicheremmo la raccolta differenziata e anche le Playmate avrebbero il loro bel contenitore come quello della carta, della plastica, del vetro e delle batterie, e finalmente uno saprebbe dove andare a cercarle.

La dote migliore di *Playboy* è che lo si può leggere senza sputtanarsi in maniera eccessiva; esso infatti pubblica, a bella posta, racconti di Proust, Čechov, Kakfa, proprio per darti un alibi inattaccabile, sia nei confronti dell'edicolante che nei confronti della fidanzata. Se invece compri un giornale come *Le Ore*, che non pubblica neanche una ricetta di cucina, sei inevitabilmente un rattuso.

Ma se proprio dovessi consigliarvi un manuale, cari giovani ansiosi di capire e conoscere il sesso in maniera chiara e scientifica, non avrei dubbi: il testo migliore è senza dubbio questo, oltre ovviamente al testo/sterone.

II

Infanzia
ed educazione sessuale

Miei adorati innocenti pargoli, anche se forse non lo sapete, voi state attraversando un'età formidabile, state vivendo cioè anni fondamentali per lo sviluppo di una sessualita sana, cosciente e, nello 0,02% dei casi, soddisfacente. È proprio durante l'infanzia infatti che dovreste ricevere un'adeguata educazione sessuale, la quale vi garantisca una crescita equilibrata, almeno sessualmente parlando. Questo purtroppo non accade mai. E la colpa non è certo vostra, poveri virgulti in fiore, ma degli adulti, i quali dovrebbero spiegarvi «le cose della vita».

Vediamo chi sono questi adulti.

Prima di tutto troviamo i **GENITORI.**

È a loro che spetterebbe fugare i dubbi dalle vostre mentine, ma nella stragrande maggioranza dei casi essi sono assolutamente impreparati per questo compito. Accade che la mamma e il papà litighino per chi dei due debba spiegare le cose al figlioletto: «Diglielo tu», «No: tocca a te», «Sei tu che glielo devi insegnare...» e intanto il bambino stupra la maestra. Sappiate che ringraziare la maestra dopo lo stupro per il piacere ottenuto non fa parte del concetto di educazione sessuale.

E a poco serve, cari frugoletti, fare domande dirette per cercare di superare la ritrosia dei genitori. Infatti è stato accertato che essi rispondono coerentemente alle domande di un bambino una volta ogni 24.293, (indagine Ispolt), nascondendosi per le rimanenti 24.292 dietro menzogne e invenzioni assolutamente fantastiche, pur di evitare la verità.

Una delle bugie più spesso usate dai genitori è quella della **cicogna**. I bambini in verità non ci cascano quasi mai, infatti alla provocatoria domanda del genitore « Dove torna la cicogna dopo che ha portato il neonato? », il bambino risponde di solito: « Nella mutanda ». I pochi che abboccano alla storia della cicogna cresceranno pensando che Berlusconi lo abbia portato un condor e Ferrara una gru?

Anche il **cavolo** ricorre spesso tra le invenzioni dei genitori: esso viene di solito descritto come il luogo sotto il quale nascevano i bambini quando l'Italia era un paese agricolo. Poi le nascite si sono differenziate: alcuni bambini nascono ancora sotto il cavolo, altri invece in Svizzera, dipende se i genitori sono contadini o industriali. I fatti comunque ogni tanto danno ragione a questi fantasiosi genitori: infatti capita davvero di trovare bambini sotto foglie di cavolo, insieme a scorze di pomodoro e buatte di conserva, nei cassonetti della monnezza.

Perché tante bugie? vi chiederete voi bambini, con gli occhioni sgranati per lo stupore. Il fatto è che spesso i vostri genitori, e gli adulti in genere, si vergognano a parlare di sesso. In altre parole, è il senso del pudore che li blocca, ovvero quel sentimento per cui si tende, mentre si parla con qualcuno, a rivolgere lo sguardo verso il basso. C'è da dire che se lo sguardo arriva a terra si ha pudore, mentre se arriva all'altezza della cerniera lampo se ne ha meno. È per pudore che in genere la gente si copre la pipilla, il pistolino, il sedere, il conto in Svizzera e il complice per tentativo di corruzione. Ed è sempre il senso del pudore a provocare evidenti rossori quando si viene smascherati, anche se ultimamente esso è stato sostituito con la lampada a raggi Uva, che dà lo stesso colorito ma meno sensi di colpa.

Insomma, come vedete, i vostri genitori sono spesso assolutamente inadeguati a farvi da guida nei misteri del sesso, a volte per incompetenza, altre per pigrizia, altre ancora per pudore, ma più spesso per pura e semplice idiozia. Come spiegare altrimenti l'insana e terribile abitudine che hanno di sfrocoliarvi fin dalla culla con versi tipo «cipi cipi cipì» o «pucci pucci pacci» e «lalalallà»? Quando poi a tutto questo si aggiunge il fatto che vi toccano continuamente i genitali con pizzicotti e sbaciucchiamenti, l'idiozia sfiora il sadismo, per due motivi principali. Primo: smettono quando la cosa incomincia a farsi divertente. Secondo: ti abituano male perché da una certa età in poi non te lo tocca più nessuno e sei costretto ad arrangiarti da solo. Sono proprio episodi di questo genere che rendono l'infanzia il momento più destabilizzante per un sano sviluppo sessuale. Per colpa di genitori irresponsabili voi giovani virgulti vi trovate a crescere con le idee confuse. Infatti se ti diventa duro quando sei un bambino è una festa in famiglia e tutti vogliono vedere; se ti diventa duro da grande e lo vuoi far vedere a qualcuno sei un maiale. Insorge allora nell'infante la consapevolezza che non bisogna fidarsi degli adulti e si arriva presto alla conclusione che se c'è una cosa che alla mamma non piacerebbe che tu facessi, vuol dire allora che quella è una cosa divertente.

Consapevoli dei propri limiti e della propria inadeguatezza rispetto all'educazione sessuale dei propri figli, i genitori preferiscono delegare questo arduo e delicato compito agli insegnanti scolastici. Analizziamo quindi come la **SCUOLA** può intervenire nel processo di apprendimento sessuale.

In alcune scuole si è capito l'importanza dell'argomento **SESSO**, e i direttori didattici coraggiosamente hanno istituito l'ora di educazione sessuale. Essa è stata ben accolta dai ragazzi, e quando la maestra interroga e dice «Chi vuole venire?», tutti alzano la mano: è l'unica ora di lezione in cui tutti vogliono venire.

L'impostazione didattica dell'ora di educazione sessuale tuttavia non è facile. Bisogna evitare di rendere l'argomento troppo tecnico, per esempio: mettete A in B, spostate A indietro, ora spostate A in avanti, toccate C1 e/o C2 fino a ottenere un mugolio, e così via. Ma bisogna altresì evitare di farlo diventare troppo romantico e irreale, per esempio: il papà è una farfalla, la mamma è un fiore... in questo modo sembra più una festa di carnevale e può capitare che il bambino risponda: «Lo zio è un maialino perché quando i fiori e la farfalla sono al cinema mi tocca...»

Oltretutto un'ora di educazione sessuale è lunga e stancherebbe chiunque, per cui spesso i maestri preferiscono tenere la lezione più breve ma dare i compiti a casa: per domani portate tre orgasmi oppure un bel cunnilingus con la cameriera. A volte per gli alunni meno preparati provvedono i professori di sostegno, con i quali il pomeriggio si possono fare delle fellatio, mentre i bambini di famiglie più ricche si possono permettere delle ripetizioni private a casa o in macchina con i viados.

L'ora di educazione sessuale, a differenza dell'ora di religione che è facoltativa, dovrebbe essere obbligatoria, perché sia che tu sia musulmano, cattolico, ateo o animista, l'Aids lo prendi comunque. Ma purtroppo tale insegnamento non solo non è obbligatorio, ma anzi: le scuole dove si insegna educazione sessuale sono pochissime.

E così, senza l'aiuto dei genitori e senza l'insegnamento dei maestri di scuola, a voi anime sante non resta altro che arrangiavi in maniera autodidatta, e scoprire i rudimenti del sesso un po' a casaccio, sfruttando quello che capita sotto mano: e sotto mano vi capita sempre la stessa cosa, brutti maiali! È chiaro che un tale modo di procedere non potrà che avere effetti devastanti sulla vostra psiche. Vediamo come.

Cominciamo da quando il bambino è ancora piccolo, e non sa leggere. In questa fase sono le mamme che leggono per lui, raccontandogli **favole** all'apparenza innocue, ma che in realtà minano il mondo del bambino, insinuandovi dubbi angoscianti. Il piccolo inizia a porsi diecine e diecine di interrogativi ai quali non sa dare risposta:

Il fatto che la principessa riesca a sentire il pisello sotto ben sette materassi è conseguenza di una sua particolare sensibilità, o ha un fidanzato molto dotato?

La fata è contenta che a Pinocchio si allunghi così il naso? E gli capita per le bugie o per il reggicalze della fatina? E quando lo ha trasformato in un bambino ha fatto un cambiamento totale o ha mantenuto qualcosa di legno?

La bella e la bestia è solo una favola o già a quei tempi si conosceva la storia tra Sgarbi e Demetra Hampton?

Le donne che baciano i rospi si aspettano veramente che quelli diventino principi, oppure sono zoofile a cui piacciono proprio i rospi?

Cappuccetto Rosso è una bambina o un profilattico di estrema sinistra?

I dubbi attanagliano le menti dei poveri bambini, messi a dura prova dalle allegorie delle favole, che tuttavia sono poca cosa rispetto a quelle di alcune **filastrocche**.

Che dire infatti di quelle tre civette che copulano come matte con la figlia del dottore nei posti più strani, ad esempio sul comò? È chiaro poi che al povero dottore gli viene un pànteco e si ammala! Con una figlia in quella maniera...

Ma almeno quello è medico e si saprà curare da solo, ma i bambini costretti a sentire quella maniata di scemità chi li cura? Nessuno, ed ecco perché noi siamo cresciuti convinti che sia stata la figlia del dottore la responsabile della rivoluzione sessuale che ha coinvolto dal '68 ai primi anni Ottanta almeno tre generazioni.

Quando il bambino cresce un po' e impara a leggere, può finalmente sottrarsi alla schiavitù delle favole e delle filastrocche raccontate dalla mamma. Ora può dedicarsi serenamente alle sue prime letture: i **fumetti**. Ma se il povero bambino sperava in questo modo di trovare certezze e dormire sogni tranquilli, le sue speranze si sgretolano al primo contatto con questo fantastico mondo. Prendiamo ad esempio le storie dei super-eroi: i rapporti tra i protagonisti mettono a dura prova la fantasia e le scarse e confuse conoscenze dei bambini, turbando altresì i loro sogni di infanti.

Lana, la fidanzata di Superman, è cieca come una talpa o è deficiente, visto che quando lui si toglie gli occhiali lei non lo riconosce più? Io se avessi una fidanzata così la farei ricoverare immediatamente!

Flash, l'uomo più veloce del mondo, come la mette con la fidanzata, che di certo deve lamentarsi molto?

Ammesso che a Diabolik la tuta gliela stiri Eva Kant, a Batman il costume glielo lava Robin o lo manda in tintoria? Queste e altre mille domande tormentano da sempre i primi anni di vita dei bambini di tutto il mondo, e a riprova di questo riportiamo qui a lato alcuni temi di bambini di diversa nazionalità.

Una ricchissima fonte di informazione in questa delicata fase dello sviluppo infantile è senza dubbio rappresentata dai **graffiti**. È infatti proprio grazie alle scritte sui muri che il bambino prende atto delle molteplici opinioni che esistono al mondo: *Viva il Duce* da una parte, *Abbasso il fascio* dall'altra. Ma non vedra mai scritto da nessuna parte *Abbasso la pipilla*, ad eccezione di qualche rimostranza di nani. Il bambino apprende così proprio

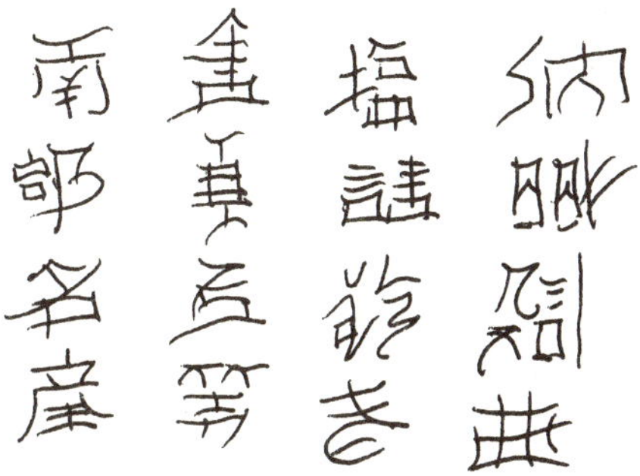

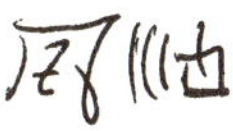

dai graffiti l'universalità della pipilla e anche molte altre cose. Egli impara che telefonando al 384250 Susanna mostra tutte le sue caratteristiche, scopre i gusti di Deborah della 3ªC e che cosa sia in grado di fare Stefania della 4ªD. Quando si è bambini si è ingenui: ricordo che io stesso, quando a dieci anni lessi che la mamma e la sorella di Ciro sapevano fare questo e quello ci credetti; a dodici anni capii però che era uno scherzo; poi, verso i sedici anni, conobbi la sorella e la mamma di Ciro: fu allora che capii che era proprio vero.

Tra tutti i graffiti che a un bambino può capitare di vedere, quelli dei bagni delle scuole sono sicuramente i più rappresentativi dal punto di vista dell'apprendimento sessuale: è proprio lì infatti che un bambino vede rappresentati per la prima volta gli organi genitali femminili. È un trauma che lo accompagnerà per tutta la vita: un'enorme sorriso con tutti i capelli dritti in testa, una specie di Fidel Castro con tanto di sigaro in bocca! E per anni voi, poveri innocenti, vi chiederete come faccia una cosa così orripilante a piacere tanto nel mondo. Quando un amico più grande, mentendo come sempre accade, vi dirà che la sera prima è andato a letto con Moira Orfei e tutti gli elefanti contemporaneamente, voi vi chiederete con ribrezzo come sia riuscito a sopportare, non tanto la presenza degli elefanti quanto quella della pipilla di Moira Orfei.

Le tesi riportate sulle porte dei bagni vengono sovvertite a volte da alcuni **giocattoli didattici**, quali la Barbie. È questo un colossale imbroglio americano: una bambola rifornita di grandi zizze, cosce lunghe, ma totale mancanza di pipilla. Essa è stata messa in commercio appositamente per confondervi ulteriormente le idee già confuse, così che passerete anni e anni a chiedervi se le donne sotto le mutande siano fatte in quel modo o come invece è descritto sulle porte del gabinetto!

L'unico modo per uscire da una tale situazione di indecisione è quella di toccare con mano: e so che toccherete sempre la stessa cosa, brutti maiali! In effetti il rapporto diretto è fondamentale per un sano e corretto sviluppo della sessualità infantile. Di grande importanza, ad esempio, sono le **feste**. Ai miei tempi per fare le feste si andava a casa di Gino che teneva la casa grande, la mamma a Cortina e il papà in galera. Allora non esisteva la lambada, esisteva la lampadina, che noi cercavamo continuamente di spegnere. Ci provavamo tutti con la stessa, non perché fosse la più carina, ma perché era l'unica che concedeva le proprie grazie. Finita la festa ci riunivamo e ci raccontavamo quello che eravamo riusciti a fare: «Io ho toccato una zizza», «Io ho dato un bacio», «Io ho succhiato un mignolo per sei ore»... Quello che metteva i dischi non ballava, non baciava, non toccava zizze, non succhiava mignoli e si incazzava perché c'era sempre qualcuno che gli faceva cadere la Coca-cola sui dischi: per lui le feste erano un incubo. A distanza di qualche anno abbiamo cominciato con le feste dell'Unità, che davano più soddisfazione dal punto di vista sessuale e c'erano anche le salsicce.

Ma prima di arrivare a tanto dovevamo aspettare ancora anni e anni: quegli anni terribili in cui si passa dall'infanzia alla pubertà con le idee sempre più confuse e i sensi sempre più agitati.

A quei tempi anche la **musica** contribuiva a turbarci: Lucio Battisti ci cantava «Dieci ragazze per te possono bastare...», e lo diceva proprio a noi che c'eravamo sempre dovuti accontentare di sei-sette ragazzi, ovvero l'indispensabile per fare una partita a pallone in cortile! In effetti il problema maggiore era proprio quello: la cronica mancanza di femmine. Cioè, le ragazze c'erano anche, ma non ne volevano sapere di contribuire didatticamente al corretto sviluppo delle nostre conoscenze sessuali. E così dovevamo arrangiarci da soli.

Fortunatamente c'erano le **fotografie**, che da sempre rappresentano un indispensabile sussidio alla conoscenza. Fin dai dieci anni si intuisce come è fatta una zizza, ma solo la fotografia ti dà un'immagine reale della medesima, tale che quando arrivi a toccarne una, molti lustri dopo, sai già molte cose. Le fotografie hanno anche una grande praticità: sarebbe infatti impossibile entrare in bagno con una tv a colori e un videoregistratore. Le fotografie scatenano fantasie magiche: ci bastava la fototessera di una commessa dell'Upim o la pubblicità di un detersivo ad opera di un'avvenente casalinga per ricavarne fantastiche immagini mentali ed avere così materiale sufficiente per toccarci freneticamente fino allo svenimento.

Un'altra fondamentale fonte di informazioni sessuali nell'infanzia sono i **giornali**. Quando eravamo ragazzi noi, *Le Ore* e *Gin Fizz* non esistevano: i giornali erano molto più castigati, il massimo dell'erotismo erano delle poverette con delle magliette bagnate che interrompevano la carriera di pornostar a ventitré anni per via dei reumatismi. Perfino *L'Espresso* e *Panorama* in quegli anni pubblicavano in copertina caricature di uomini politici e, nonostante la buona volontà, toccarsi con la faccia di Leone era impossibile. Con una copertina di un settimanale di oggi ci saremmo potuti andare avanti per sedici-diciotto mesi.

Il problema, dopo tanta attività, era il famigerato incontro settimanale con il prete della **PARROCCHIA**.

Il ricordo vola a don Ginepro e a quando mi andavo a confessare:

«Da quanto tempo non ti confessi?», chiedeva lui.

«Due settimane», rispondevo io.

«Hai formicato?» chiedeva lui.

«Ho ammazzato due o tre formiche», rispondevo io perplesso, chiedendomi cosa gliene fregasse a lui delle formiche. «Cretino! Hai commesso atti impuri?»

Io tenevo un braccio come Wilander e rispondevo: « Sì ».

« Quante volte? » chiedeva lui.

E io pensavo: « Saranno stati tremila o quattromila nell'arco di queste ultime due settimane », e allora chiedevo: « Si può fare un forfait? »

« No! » diceva lui.

E allora con sicurezza io rispondevo: « Due! »

Poi alla fine della confessione dicevo: « Ho detto le bugie », così sistemavo tutte le puttanate che gli avevo raccontato durante la confessione.

Il problema più grosso per don Ginepro e tutti i suoi colleghi era che non dovevamo assolutamente toccarci!

Ce lo ripetevano continuamente, terrorizzandoci così tanto che noi, per paura dell'inferno, per anni abbiamo fatto la pipì a casaccio, con le mani dietro la nuca, col risultato che per anni ci siamo fatti la pipì sulle scarpe e l'estate era peggio perché portavamo i sandali con gli occhi e ci si riempivano tutti.

Immaginavamo l'inferno come un posto pieno di brave persone, ma con dei pistolini gonfi e arrossati che si toccavano dalla mattina alla sera, e il paradiso invece pieno di delinquenti monchi.

Eravamo così pieni di sensi di colpa che dopo la confessione ci battevamo il petto per ore. C'è da dire che non era troppo stancante perché eravamo allenati: bastava alzare la quota del braccio di 30 centimetri.

E voi che ascoltate sorridendo, piccoli cari, state attenti! Ancora oggi infatti, grazie alla Chiesa, i bambini continuano a crescere convinti che toccarsi rappresenti il sistema più sicuro e veloce per diventare ciechi: è sufficiente anche solo sfiorarsi per perdere la vista! Evidentemente, penserete voi, Stevie Wonder non ha fatto che palparsi per tutta la vita e deve avere dei calli sulle mani peggio di uno zappatore. E invece no! Vi voglio svelare un segreto: se quello che sostengono don Ginepro e i suoi colleghi fosse vero, io a quest'ora dovrei andare in giro con una muta di cani lupo come una specie di eschimese, e Ray Charles al mio confronto sarebbe la Piccola Vedetta Lombarda! E se fosse vero quello che dicono le mamme, e cioè che toccarsi fa venire i foruncoli e fa cadere i capelli, io e i miei compagni di scuola a quest'ora dovremmo essere come *Nightmare 5*!

So che voi piccoli sempliciotti siete adesso confusi e storditi da questa straordinaria rivelazione, ma io vi dico: fidatevi di me, e leggete con attenzione questo libro rivoluzionario!

Grazie a esso potrete fare incredibili e impensabili scoperte, e il sesso diventerà per voi una fonte di grande soddisfazione, come lo è per me!

III

Il nostro corpo

Ora, miei cari ingenui seguaci, entriamo nel vivo di questo manuale, dove, passo dopo passo, scopriremo insieme il fantastico mondo del sesso.

La prima cosa che dobbiamo analizzare in dettaglio, per prenderci confidenza, è il nostro corpo, o per meglio dire tutte le parti di esso che hanno a che vedere con la vita sessuale.

Le zone erogene

Esistono molti attributi fisici, comuni sia all'uomo che alla donna, che, pur non essendo organi sessuali veri e propri, hanno ugualmente grande importanza dal punto di vista erotico. Esse sono dette zone erogene, ed è bene analizzare le più importanti di esse.

Cominciamo dalla **bocca**. Per descrivere questa parte del corpo userò una sintesi del grande poeta Ferlinghetti: «La bocca fuma, la bocca mangia, la bocca vomita, la bocca sputa. Meglio la figa».

Anche le **ascelle**, per quanto strano possa sembrare, sono zone erogene. In verità originariamente sono state create dal Signore solo per metterci il termometro e per il trasporto del giornale, ma in seguito si sono trasformate in richiami erotici, specialmente da quando sono diventate di moda le Seiachelle, fantastiche isole piene di aragoste. Nelle ascelle non vivono le aragoste, ma possono trovarsi le piattole, piccoli crostacei saltellanti assai economici: li puoi prendere a un prezzo infinitamente più basso dell'aragosta, ma c'è da dire che sono anche molto più piccole. Per evitare il proliferare di questi animaletti, è importante che le ascelle vengano tenute sempre pulite. La pulizia è inoltre indispensabile per evitare i cattivi odori caratteristici di questa zona del corpo: è colpa della mancanza di pulizia se le ascelle fanno venire immediatamente in mente un forte odore di caserma e l'immagine dell'autobus in agosto, quando la gente vi porta applicate sotto delle stalattiti tipo le grotte di Frasassi. In questi casi le ascelle più che afrodisiache diventano stupefacenti e può accadere che, dopo una sniffata, riesci a vedere i puffi nudi e Berlusconi in pensione. Se non si vogliono utilizzare deodoranti spray per via del buco dell'ozono si può usare del sapone neutro, del detersivo per i piatti, Ace Gentile, intonaco, quarzo plastico o due mani di antivegetativa: basta non lasciarle brade. Un altro accorgimento necessario per valorizzare il sex-appeal delle ascelle è un'accurata depilazione: evitare quindi trecce e code di cavallo fino alle ginocchia.

Un'altra parte del corpo umano ad alto grado di attrazione erotica sono le **natiche**, ovvero semisfere che singolarmente dicono poco ma in coppia formano un culo. L'utilizzo professionale delle natiche prevede un brevetto da farsi presso la capitaneria di porto, ovvero la patente natica. Alcuni, erroneamente, suppongono che tra le natiche si trovi l'**ano**. In realtà l'ano è un suffisso che serve per indicare mestieri, abitanti di paesi e città, idrocarburi. Esempio: ortolano, francescano, mondano, napoletano, emiliano, propano e metano.

Dalle natiche si dipartono le **cosce**, ovvero il migliore supporto per le calze autoreggenti quando si parla di cosce femminili. Esse si differenziano da quelle maschili per via dei peli: se non si differenziano è un problema. Quando tale sostantivo viene usato al maschile singolare diventa **coscio:** in questo caso è Pasqua e ci si riferisce a quello d'agnello. In alcune circostanze si può anche visitarne l'interno, ovvero l'**incoscio,** ma diventa un problema psicoanalitico.

Prima di concludere l'elenco delle zone erogene, vorrei spendere alcune parole su un'altra parte del corpo umano che di per sé non ha alcuna attrattiva erotica, ma che tuttavia riveste un ruolo fondamentale nella vita sessuale di uomini e donne: la **mano.**

A vita è 'na brioscia,
'na maniata 'e cosce,
s'ammoscia 'a paposcia
e tutto fernesce.

Attraverso questa amena poesia napoletana si intuisce l'importanza di questa parte del corpo umano. La mano è infatti il più antico e familiare strumento di piacere, sia in campo femminile, dove si risparmia utilizzandone solo un dito, sia in campo maschile, dove si esagera utilizzandola tutta. Non è tuttavia necessario che sia proprio integra, anzi: quelli che si divertono di più sono sicuramente quelli con le mani bucate. Ma anche gli altri se la cavano egregiamente, in particolare i contadini ne fanno un uso smodato, da cui il detto «gioco di mano, gioco da villano». E non scherzano neanche gli imbianchini, particolarmente fortunati perché dopo essersi toccati possono dare la seconda mano.

Purtroppo, anche in questo campo esistono devianze e depravazioni: ad esempio alcuni sadici cercano emozioni forti facendo sesso a mano armata, mentre i necrofili battono i pullman facendo la mano morta.

È giunto adesso il momento, cari giovani apprendisti, di analizzare in dettaglio l'apparato genitale di uomini e donne.

Organi sessuali femminili

Cominciamo il nostro viaggio dall'alto: il primo organo sessuale che incontriamo nella donna è rappresentato dalle zizze, femminile plurale perché sono due. Esse servono per il latte, ma nessuno se lo ricorda mai e se ne fanno gli usi più disparati. Furono scoperte dall'uomo in età antichissima, e hanno subito nel corso dei secoli mutazioni significative: nel periodo Egizio era una e di forma piramidale (vedi figura); più tardi diventarono due, ma di forma cilindrica e visto che davano il latte furono chiamate lattine. Attualmente le dimensioni ideali sono quelle di una coppa di champagne, ma sono molto apprezzate anche quelle delle dimensioni del secchiello. A seconda della forma delle zizze la silhouette della donna varia sensibilmente, creando tipi femminili molto diversi tra loro. Analizziamone alcuni, in ordine crescente di grandezza delle zizze.

Cominciamo dalla *donna totano*, liscia come la pelle del cefalopode, piatta come il pianale di un comò, sembra uscita da un'alluvione: tutto raso a zero. E nulla può la protezione civile nonostante la diretta interessata di solito proclami lo stato di calamità naturale. Più che di zizza in questo caso è meglio parlare di costato. Questo tipo di donna andava di moda negli anni Settanta: portabandiera ne fu Florinda Bolkan, che sembrava fosse reduce da un frontale con un Dc9.

Troviamo poi la *donna gatto*, ovvero Catwoman, interpretata di Michelle Pfeiffer: la perfezione, la zizza da manuale! Non c'è nulla da dire, anzi, il primo che dice qualcosa lo sputo in faccia.

Passerei senza indugio alla *donna mucca*: taglia forte, doppio airbag permanente. Quando cammina le due zizze vibrano come se fossero di gomma, e infatti in molti casi lo sono, visto che questa è la misura più richiesta negli interventi di silicone.

La *donna cammello*, tornata oggi di moda, è caratterizzata da un tipo di zizza che ha fatto epoca negli anni Cinquanta, insieme ai primi frigoriferi: entrambi da 120 litri. Quando questa donna salta, il movimento della zizza viene registrato dai sismografi di Fiumicino-Aeroporto. Per slacciare il reggiseno è richiesto l'intervento degli artificieri.

E infine la *donna balena*, detta a volte donna orca perché quando la si vede si dice: «Orca miseria che zizze!» Questo tipo di donna usa come reggiseno la stessa imbracatura che si utilizza negli acquari per sollevare i cetacei da cui prende il nome. Se a questo tipo di mammelle si applicano delle maniglie si possono usare anche per discendere i fiumi facendo il rafting. La donna balena è l'ultima categoria, oltre la quale c'è solo la sorella di King Kong.

Anche la consistenza è una caratteristica fondamentale delle zizze: esse possono essere dure come il torrone o morbide come lo yogurt, passando per il pan di Spagna, la zuppa inglese e la panna cotta. Ma le analogie tra mammelle e dolci non finiscono qui: infatti anche la zizza, come il budino, ha la ciliegina, che in questo caso si chiama **capezzolo**. Esso si utilizza come la manopola della sintonia della radio, ma si perde molto più tempo per trovare il canale, da cui il detto: «Sono stato tutta la notte al capezzolo di mia moglie». Chiunque ne volesse sapere di più può comprare un qualsiasi numero di *Novella 2000.*

Due o tre palmi sotto le zizze, in una ridente località turistica chiamata **vulva** come la famosa macchina svedese, troviamo il **Monte di Venere**, uno fra i primi a essere stato scalato nella storia dell'umanita. È coperto quasi sempre di vegetazione, infatti solo pochi lo disboscano (vedi «Depilazione»), per non incorrere nelle gravi sanzioni previste dalla Forestale. Benché privo di attrezzature sciistiche, è comunque molto divertente da percorrere in lungo e in largo anche senza sci, anzi: con gli sci sarebbe ben scomodo. I novizi che lo affrontano commettono errori grossolani come quello di cercare di scalarlo servendosi di corde e piccozze. In realtà l'unica tecnica valida è il free-climbing. Se durante la notte sentite qualcuno urlare nell'appartamento a fianco: «Altissima, purissima! », quello non è Messner, bensì l'uomo del Monte di Venere, che è riuscito nel suo intento.

Un'altra meta turistica della zona è data dal **clitoride**, che non desta alcun motivo di preoccupazione a meno che non superi i 18 centimetri di lunghezza.

A valle del Monte di Venere, tra la gamba A e la gamba B, troviamo l'ingresso della **pipilla**. Il suo nome scientifico è vagina, ma nei casi in cui è posta molto in alto è detta vagina pectoris. Essa è l'organo femminile che contrasta con la teoria Copernicana, infatti tutto l'universo non gira intorno al sole, ma gira intorno alla pipilla. Essa divide l'universo maschile in due grandi momenti geometrici: prima e dopo la pubertà. Prima della pubertà una sfera di cuoio è più importante di un triangolo di pelle; dopo la pubertà è il contrario, infatti la forma della pipilla è quella di un piccolo triangolino di pelliccia che viene a volte barattato con una pelliccia molto più grande a forma di cappotto.

Dalla pipilla si diparte il collo dell'utero, che conduce all'**utero** propriamente detto. Esso fu scoperto nel 1512 da un sant'uomo, tale Martin L'utero, e da costui prese il nome. La funzione dell'utero è quella di innervosire la proprietaria e darle un carattere scostante detto appunto uterino. D'altra parte, essendo esso posto proprio a fianco delle **trombe di Falloppio**, e non essendo Falloppio un granché come musicista, è chiaro che il povero utero è teso. Ultimamente si dà molto in affitto, al grido « L'utero è mio e lo gestisce un'agenzia immobiliare »: non è più come una volta! Purtroppo, non essendoci l'equo-canone c'è gente che è in causa da sette-dieci anni con l'inquilino che non se ne vuole andare perché non trova nessun altro utero allo stesso prezzo. È consigliabile pertanto fare contratti a uso ufficio o foresteria. Le proprietarie di uteri che abitano in città universitarie possono affittare posti utero singoli e ospitare fino a quattro o cinque nascituri studenti.

Dall'utero, attraverso le sopra citate trombe di Falloppio, si arriva alle **ovaie**, ghiandole preposte a produrre ritardi, cisti, infiammazioni, irritazioni, distrofie, granulomi. In alcune rare circostanze producono anche gli ovuli (vedi « Riproduzione »).

Organi sessuali maschili

Passiamo adesso ad analizzare l'apparato genitale dell'uomo.

Cominciamo naturalmente dal **pistolino**, l'organo sessuale maschile, nei casi più difficili organetto. Va dai 13 ai 17 centimetri di dimensione quando è allegro, quindi non fate i furbi al bar con gli amici nel descrivervi come dei possessori di armamenti bellici a testata multipla. Non bisogna altresì fidarsi delle porte dei gabinetti pubblici, dove esso vi è rappresentato come una specie di mortadella dalle dimensioni spropositate. Mi rivolgo in particolare alle giovani donne che altrimenti si aspettano chissà cosa e poi una volta lì, levato il cotone idrofilo, ci rimangono malissimo: nessuno fa miracoli! Gli uomini però ci tengono molto alle dimensioni del loro pistolino, infatti il righello a scuola si porta esclusivamente per misurare chi ce l'ha più lungo. Si può anche utilizzare una squadretta, ma bisogna ricordarsi di usarla dalla parte dei 90 gradi e non da quella dei 30 perché se no fa male. Non è dato sapere se le bambine vanno a scuola con il calibro.

Il pistolino è chiamato con un sacco di altri nomi, ma quello scientifico è il più scemo di tutti: **fallo**. La Chiesa vorrebbe sostituire il termine fallo con «non farlo». Si dice fallo di mano quando uno si sta organizzando da solo: il fallo di mano è una delle principali pratiche sessuali, che viene sostituita dal coito una o due volte l'anno a seconda della fortuna. Esiste anche il fallo laterale ma è molto più pratico quello centrale. Il termine fallo è stato reso famoso dal signor Sigmund Freud, il quale definiva tutti i soggetti affusolati simboli fallici; ma alla fine lo stesso Freud ammise: «Certe volte un sigaro è solo un sigaro».

Il pistolino è detto anche **pene**, ma solo a Bari, esempio: «Tesoro scendi al forno e prendi il pene».

Il pistolino termina con un rigonfiamento detto **glande**, immortalato da Mina in una sua celebre canzone: «Sei glande, glande, glande, come te sei glande solamente tu».

Sotto il pistolino troviamo i **testicoli**, che sono due e di forma rotondeggiante come le zizze delle donne, ma, a differenza di queste, non si usa il silicone per farli gonfiare. Essi infatti hanno la caratteristica di gonfiarsi e sgonfiarsi in base a chi si frequenta: se la frequentazione è lunga si scassano. La loro funzione è quella di produrre degli animaletti, chiamati spermatozoi, che sembrano dei girini ma fanno molto più danno. Quando tali animaletti escono scodinzolano, probabilmente per la felicità di incontrare una donna, ma nella stragrande maggior parte dei casi si scamazzano contro una parete di caucciù o dentro un kleenex: cosa avranno mai da scodinzolare?

I testicoli sono più comunemente detti **coglioni** dal nome del loro scopritore che, a giudicare da come lo chiamavano, non doveva essere un'aquila. Essi sono saldamente legati al corpo del maschio, ma capita spesso di incontrarne alcuni liberi per strada.

Confinante con l'apparato sessuale maschile troviamo la **prostata**, organo che nessuno ha mai capito cosa sia esattamente. Certo è che se qualcuno dice «tengo la prostata» vuol dire che sta male; ma se qualcuno dice «non tengo la prostata» vuol dire che sta peggio. Quando tale misteriosa malattia colpisce i pasticceri si parla di cròstata, e le migliori sono quelle di ciliege.

IV

Lo sviluppo sessuale

Miei giovani sprovveduti apprendisti, se avete letto con attenzione il capitolo precedente, avete imparato che maschietti e femminucce non sono fatti alla stessa maniera. E questa è una bella fortuna! (vedi capitolo: «L'atto sessuale»). Tuttavia, quello che ancora non sapete è che la differenziazione tra uomo e donna avviene gradualmente, attraverso gli anni, passando per fasi successive di maturazione che modificano gradualmente sia il fisico che la psiche di tutti noi. Vediamo quindi con calma quali sono queste fasi e le caratteristiche che le contraddistinguono.

Infanzia

L'inizio dell'infanzia può essere datato nella settima settimana dal concepimento e infatti fino a quel giorno nel feto non c'è distinzione fra sessi. Alla settima settimana e un giorno comincia il casino, ovvero il conflitto.

Intorno ai tre o quattro anni i bambini cominciano a notare di non essere tutti uguali, ma di far parte di una delle due grandi categorie: maschi e femmine. La certezza l'hanno la prima volta che si incontrano in spiaggia, luogo in cui la differenza tra le due categorie salta agli occhi: essa è nelle mutande, infatti ad alcuni bambini arrivano fino al collo e quelle sono le bambine.

Già nella stagione invernale successiva le differenze si accentuano: i maschi riescono a fare i disegni sulla neve mentre fanno la pipì, le bambine no.

Nell'ultimo periodo dell'infanzia, all'incirca tra i dieci e i dodici anni, maschietti e femminucce raggiungono la piena consapevolezza di essere diversi, ma non ne capiscono la ragione. In questa delicata fase il maschietto undicenne abitualmente scaccia con sassate, sputazzi e insulti la femminuccia che gli si avvicina. Quando il maschio avrà trent'anni, la femmina si ricorderà di tutto questo e userà quindi le stesse tecniche usate tanti anni prima del suo compagno di giochi: le donne hanno una memoria da elefanti!

L'ultima parte dell'infanzia è detta anche fase di latenza, in quanto gli istinti sessuali sono ancora assopiti, ma stanno per risvegliarsi in maniera caotica. Tutto questo accade durante il delicato periodo della pubertà, quando si chiude l'infanzia e si aprono ufficialmente le ostilità.

Pubertà

Questa fase dello sviluppo, che segna il passaggio tra l'infanzia e l'età adulta, è caratterizzata da una serie di fondamentali modificazioni corporee, psicologiche e sessuali. Alla base di tali rapidi cambiamenti stanno gli **ormoni,** sostanze chimiche che regolano lo sviluppo di peli, seni, muscoli e via dicendo. Quando si rompe l'equilibrio tra ormoni maschili e ormoni femminili contenuti nel nostro corpo, si possono creare degli scompensi, del tipo: donne con dei peli sulla faccia che Babbo Natale al confronto pare un uovo sodo; campionesse di lancio del disco che a paragone Schwarzenegger sembra Rita Pavone; parrucchieri così leziosi da far sembrare Alba Parietti un marine.

Anche i cambiamenti umorali sono strettamente condizionati dagli ormoni. Anzi, in questo campo possiamo dire che essi fanno veramente il bello e il cattivo tempo. Vi sentite perturbati? Gli ormoni. La temperatura cala e non vuole più saperne di risalire? Gli ormoni. Sono sempre loro che influenzano gli impulsi sessuali, anche a livello inconscio. Sognate di rincorrere una donna e seguirne le orme? Colpa degli ormoni. Sognate di rincorrere una donna grassissima e di seguirne gli ormoni? Colpa dei peperoni.

Analizziamo adesso quali sono le modificazioni corporee più evidenti che gli ormoni provocano durante la pubertà: al maschio viene una voce più profonda e alla femmina viene un gonfiore al seno; al maschio spuntano i peli sul petto e sotto il naso, alle femmine si allargano i fianchi; al maschio spuntano i foruncoli e rimane come un baccalà, alla femmina spuntano i primi spasimanti e rimane a dormire fuori.

I maschietti infatti hanno uno sviluppo più lento delle femminucce, e questo a volte li fa sembrare un po' tardi. Ma poi, passo dopo passo, stato confusionale dopo stato confusionale, arriva finalmente il giorno fatidico in cui si svegliano bagnati e lì tutto diventa chiaro: non bisogna dormire vicino alle finestre aperte quando piove! I piccoli delle triglie si svegliano bagnati fin dalla prima notte, ma lì sarebbe preoccupante il contrario.

Le bambine invece hanno durante la pubertà la loro prima mestruazione. Questo fenomeno fisiologico assumerà per tutta la vita una duplice funzione: la prima è quella di rendere le lenzuola croccanti, la seconda quella di procurare malattie cardiache quando non arrivano. Durante il periodo delle mestruazioni la donna non è feconda, quindi si potrebbero fare quelle cose là con tranquillità, ma siccome tiene le mestruazioni non si possono fare: non ne va bene una! Le mestruazioni sono dette anche ciclo; si parla di ciclostile quando la donna resta elegante anche durante il periodo mestruale; in caso di donne con mestruazioni particolarmente abbondanti si parla di ciclone o tornado: in questo caso qualsiasi argine viene spazzato via e non ci sono assorbenti che tengano; il ciclo liturgico e il ciclomotore sono esclusivi di suore e meccanici.

Le mestruazioni si arginano con i tampax, sorta di tamponi che si applicano ed esce solo un filo bianco. E voi ingenuotti vi chiederete certo: *se si tira il filo si muovono le braccine?* Prima dell'invenzione dei tampax le donne usavano gli assorbenti, prodotti la cui principale caratteristica era quella di essere pubblicizzati dalla televisione all'ora di cena. Così, davanti a un piatto di bucatini, si assisteva alla prodezza di bellissime ragazze che a cavallo di un materasso non trovavano di meglio da dire se non: « Questi assorbenti sono un po' grossi ma riescono a frenare cicli di qualsiasi dimensione! » È logico che il bucatino a questo punto perdeva un po' di attrattiva...

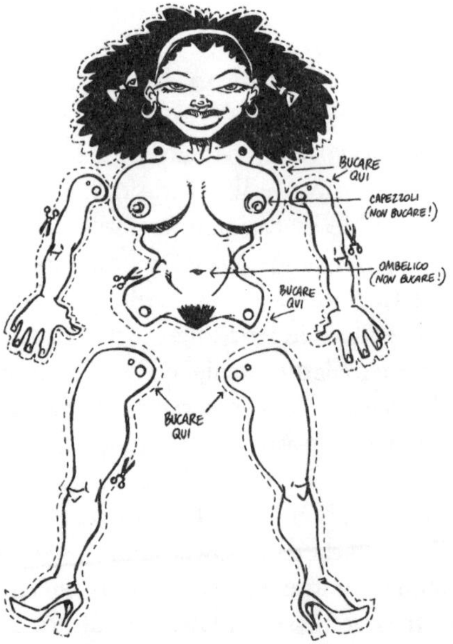

Non bisogna confondere l'assorbente delle donne con quello dei bambini, ad assoluta tenuta stagna, che non fa uscire una sola goccia di pipì: piuttosto il creaturo affoga ma non esce nulla da lì dentro! In questo caso più che di assorbenti si tratta di scafandri.

Gli assorbenti femminili sono caratterizzati da grandi adesivi che aderiscono come saldature al plutonio. Attenzione a mettere l'adesivo dalla parte della mutandina e non dall'altra, altrimenti bisogna andare al Cnr per farsi togliere l'assorbente. Ultimamente hanno anche le ali, quindi vanno tenuti in apposite gabbie altrimenti volano via.

Le mestruazioni per le femminucce e l'eiaculazione per i maschietti, sono il segno che gli organi sessuali sono ormai sviluppati, e a questo punto voi bambini entrate finalmente nella vostra piena maturità.

Maturità

Questo arco di tempo, compreso tra infanzia e vecchiaia, è il periodo fertile della vita, quello cioè in cui si può procreare: infatti gli organi sessuali dell'uomo e della donna producono le cellule che servono alla riproduzione. Vediamo in che modo.

La donna ogni mese matura dentro di sè una **cellula-uovo,** che se non viene fecondato è espulso attraverso le mestruazioni. A differenza delle donne, che sono molto discrete, altre razze animali annunciano la loro mestruazione con dei sonori coccodé. Un'altra differenza tra la donna e tali animali è che difficilmente le uova della donna possono farsi sode o all'occhio di bue.

Le cellule della riproduzione dell'uomo sono invece gli **spermatozoi,** animaletti dal comportamento molto simile a quello dei tonni: infatti lo spermatozoo vive in banchi di milioni di esemplari, ma solo uno, il migliore, diven-

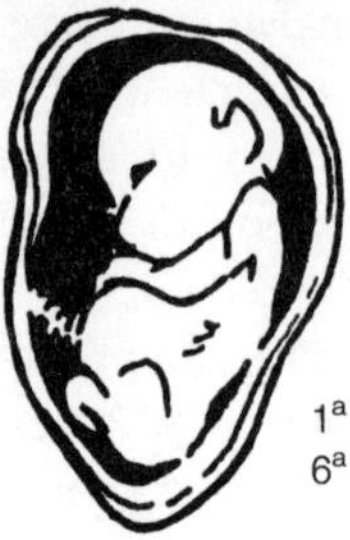

1ª Fase
6ª settimana

2ª Fase
3º mese

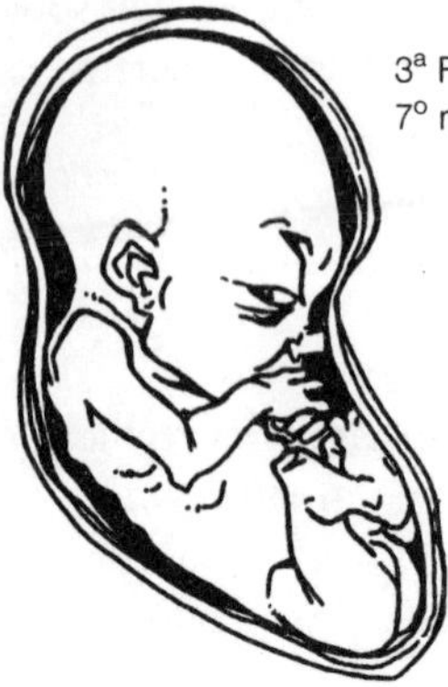

3ª Fase
7º mese

4ª Fase
9º mese

terà tonno Star! La differenza tra il tonno e lo spermatozoo è minima: invece di essere 300 grammi in olio di oliva sono 300 milioni in un bagno di amminoacidi. E, come per il tonno, anche per lo spermatozoo la morte sua è con l'uovo, ma senza i fagioli e le cipolle. In realtà lo spermatozoo si riconosce dal tonno solo perché ha la testa molto più grossa.

La fusione di una cellula uovo con uno spermatozoo può avvenire mediante il sesso ma bisogna essere molto iellati. Quando questo avviene si parla di **FECONDAZIONE**, ora quindi insieme sediamoci e osserviamo come accadono esattamente le cose. Vi siete seduti? Bene: cominciamo.

Una bella sera di sabato il papà, rinunciando a sei o sette minuti di sonno, prende bene la mira e mette una mappatella di spermatozoi nella pipilla della mamma. Il clima della pipilla è molto acido tanto che la pipilla, come l'Lsd, dà assuefazione e difficilmente si riesce a smettere. Anche gli spermatozoi nell'acido cominciano a dire: « Che sballo, questo sì che è un trip! » Infatti è proprio un viaggio, e ognuno con la sua maglietta si avvia verso il nord. Insomma, una normale storia di immigrazione, ognuno con i suoi sogni, ognuno con le sue speranze: chi vuole aprire una pizzeria, chi vorrebbe solo incontrare un uovo per vivere una vita diversa. Nulla è più palloso della vita di uno spermatozoo finché sta a casa sua. Fino a che da lontano appare un uovo: allora il più furbo, approfittando della distrazione degli altri, si avvicina e bussa: « Toc toc! » « Chi è? » chiedono da dentro. « Cappuccetto Rosso », risponde lui in falsetto. E se il trucco riesce la mamma rimane incinta.

Inizia da questo momento il magico periodo della **GRAVIDANZA**. Non c'è bisogno di test per rendersi conto di quando una donna resta incinta, infatti dopo 2 minuti e 18 secondi dal concepimento alla mamma viene la nausea e comincia a vomitare. Continuerà a farlo per nove mesi. Anche al papà viene la nausea, ma solo dopo che la mamma gli ha comunicato la bella notizia. Per tutta la gravidanza la mamma non può bere e fumare e questo la rende molto nervosa anche se non ha mai fumato in tutta la sua vita. Il papà, che può bere, ne approfitta e si ubriaca tutti i giorni anche se è sempre stato astemio. Alla mamma cresce la pancia e al papà cresce il fegato. La mamma è disperata perché il ginecologo le impedisce di fare il motocross e il paracadutismo, sport che non ha mai visto neanche in televisione, e quindi si butta sul cibo e mangia come un visigoto. Il papà singhiozza tutte le notti e alla mamma vengono le voglie: le voglie di ammazzare il papà.

E mentre la vita familiare continua in questo modo, l'ovulo passa il tempo a dividersi: prima in 2, poi in 4, poi in 8, poi in 16 e via dicendo. Pupo si è fermato a 44 divisioni, Pavarotti invece è arrivato a 16 miliardi. In queste divisioni cominciano a intervenire i **geni,** che non sono quelli che avverano i desideri come nelle lampade di Aladino: per esempio tu desideri una bimba con il nasino all'insù e nasce Carletto Delle Piane. I geni determinano le caratteristiche del nascituro. Per esempio se nell'ovulo c'è xy è un maschietto, se invece c'è xx è una femminuccia; se c'è 1 2 x è una tripla.

Intanto il bambino cresce sempre più nella pancia della mamma: il piccolo è immerso in un liquido e riceve una spinta dal basso verso l'alto se il papà fa l'amore con la mamma. Il bambino cresce racchiuso nella placenta, che fa molto bene ai capelli. Nessuno è mai riuscito a capire perché i bambini nascono calvi. Mah!

La mamma ha ormai una pancia ben visibile. «Come mai quel pancione?» chiede allora garrulo il figlioletto del vicino. «Per colpa di quell'idiota di mio marito», risponde garrula la futura mamma. «E cosa c'è dentro?»

insiste garrulo il figlioletto del vicino. «Un bambino», è la risposta garrula ma secca della futura mamma, e al figlio del vicino rimane sempre il dubbio che la signora della porta accanto si sia mangiato un suo compagno d'asilo.

Finché un bel giorno come a Mosè si aprono le acque: sta per avvenire il **PARTO**!

Nei film di solito a questo punto si prendono molti asciugamani e un sacco di acqua calda, che nessuno sa a cosa serva. Nella realtà invece la mamma va in ospedale con un taxi, mentre il papà in preda al panico ce lo portano in ambulanza. La mamma si dimentica tutti gli esercizi di respirazione e preparazione che ha fatto per sei mesi, pagando 740.000 lire al mese, e comincia a sudare e a urlare. Il papà comincia a sudare e a urlare e a vomitare fin quando sviene. Il bambino finalmente nasce e riceve uno schiaffone per iniziare a respirare; il papà ne riceve una quindicina perché è in preda a crisi mistica, e crede di essere la Madonna di Civitavecchia. Appena la mamma riprende la lucidità si incazza come un animale con il papà, e quando il bambino ha due mesi la mamma divorzia.

Ecco spiegato in maniera semplice e comprensibile come avviene la riproduzione nel mondo umano.

È chiaro però che questo fantastico meccanismo può verificarsi solo durante il periodo fertile dell'uomo e della donna. Nella donna la fine dell'età fertile coincide con la scomparsa delle mestruazioni. Inizia a questo punto la **MENOPAUSA**, periodo caratterizzato da due aspetti principali. Primo: la donna non è più feconda e quindi può fare tutto il sesso che vuole senza rischi. Secondo: la donna non trova più nessuno disposto a fare tutto il sesso che vuole, neanche se ci cala il Padreterno.

Oggigiorno si cerca di allungare in tutti i modi il periodo fertile della donna, ma anticamente non c'era bisogno di ricorrere alla scienza per mettere al mondo figli anche in età molto avanzata. Il problema era che poi i genitori non ce la facevano a tenerli in braccio.

La Bibbia stessa ci ricorda che nei tempi dei tempi gli uomini si riproducevano fino a tardissima età. Matusalemme ebbe figli fino a 730 anni, ma non fu l'unico. Simon generò fino ad anni 17-31-48 terno secco. Sua moglie Rebecca partoriva in piedi, e dette origine a quelli col bernoccolo dell'affare ma più che altro a quelli col bernoccolo.

Ci furono poi i fratelli Ianed e Iared: il primo generò fino ad anni 144 con un sacco di ragazze conosciute per telefono; i suoi figli furono Euchessina, Falqui e Pursennid, che, mentre concimavano i propri campi, inventarono il proverbio « chi fa da se fa per tre ». Il fratello Iared, che era sterile, morì ad anni 113: per telefono aveva conosciuto solo poliziotti. Chenan generò fino ad anni 1993 cioè fino a 3 anni fa. Chenan faceva le cose alla carlona e a forza di farle le cose la Carlona rimase incinta, e generò Krotone, Kaserta e Kremona fondatori di province. Si narra poi di Peugeot, che generò fino a 206, mentre suo figlio Cabrio generò addirittura fino a 306.

E questi sono solo alcuni esempi.

Oggigiorno non è più così: deve essere stato il buco dell'ozono o lo sbarco degli uomini sulla luna, certo che non è più come una volta e non ci sono neanche più le mezze stagioni. Ormai di fare figli non gli importa più niente a nessuno, mentre quello che importa veramente a tutti è cercare di rimandare il più possibile l'arrivo della vecchiaia.

Vecchiaia

Eccoci arrivati all'ultima fase della vita: la vecchiaia, caratterizzata da una graduale diminuzione della potenza sessuale e da un progressivo deterioramento del fisico. Questi due aspetti si influenzano a vicenda: ad esempio per accendere il sacro fuoco dell'amore avere una gamba di legno non è sempre un vantaggio! Tuttavia bisogna prendere atto dei cambiamenti e adeguarsi alla situazione. Ad esempio, superata una certa età, quando la tua amata ti dice: « Amore sono tutta bagnata », non bisogna farsi illusioni: spesso si tratta di incontinenza. E se la notte lei ti chiede: « Mordimi », bisogna essere veloci a recuperare la dentiera nel bicchiere, morderla e poi rimettere tutto a posto: certo, questo fa perdere un po' di immediatezza al rapporto, ma l'importante è non abbattersi e cercare di far fronte alle difficoltà. A tutto c'è rimedio: ad esempio il catetere è un problema molto serio, ma lo si può sempre camuffare con una fetta di limone o un ombrellino di carta per farlo sembrare un long-drink! Comunque è bene essere prudenti e non sottovalutare i rischi che la vecchiaia comporta. Ad esempio un'eccessiva miopia rischia di farvi svegliare la mattina con la lingua nel cassetto del comodino dopo aver leccato la moquette per tutta la notte.

V

La riproduzione

Fanciulli adorati, avete visto nel capitolo precedente come, dall'unione di spermatozoi e ovuli, ha origine un nuovo individuo. Questo processo si chiama riproduzione, ed è una caratteristica comune a tutti gli esseri viventi. Infatti, per quanto possa sembrarvi strano, qualsiasi specie è in grado di riprodursi, anche le specie peggiori, altrimenti non si spiegherebbero Bossi e Buttiglione.

Per rendere possibile la riproduzione, è necessario l'**accoppiamento**: tutti gli esseri viventi si accoppiano, anche se non tutti nella stessa maniera. Tuttavia, leali fantolini, non pensiate che uomini e animali siano molto diversi sotto questo aspetto, anzi: il mondo animale e quello umano sono molto simili e nella mitologia si fondono, contemplando animali che si accoppiano con esseri umani e viceversa.

Il dio Zeus ad esempio, per poter amare delle mortali si trasformava negli animali più impensati: si mutò in un cigno per possedere Leda, e in un toro per accoppiarsi con Europa; si trasformò in un porco per amore di Edolda e ne nacque Arostane, un ladro che scassinava le porte con i soli piedi; si cambiò in un pony per giacere con una umile sarta e nacque Silofonte, un uomo con il cavallo basso; si trasformò in un daino e dal suo copulare con una donna polacca nacque Cleronte, uno che lavava i vetri ai semafori a mani nude.

D'altra parte tra gli umani da sempre l'accoppiamento con gli animali è in voga, basta pensare ai pastori con le loro pecore, agli alpini con le mule, ai pescatori con i polpi (animali senz'altro più pratici delle cozze che si chiudono nel momento meno opportuno), e infine a Berlusconi con gli italiani.

Gli accoppiamenti tra uomini e animali non sono però funzionali alla riproduzione. Infatti, perché questa avvenga, si devono accoppiare individui della stessa specie: gli uccelli con gli uccelli, le api con le api, e così via. Del resto farlo con un'ape è pericoloso, ti trovi a pregare: « Signore ti prego lasciami il gonfiore, ma levami il dolore! »

Può però capitare che specie diverse di animali si incrocino tra di loro dando origine a strani ibridi: un **porcospino** e un **serpente** creano il fil di ferro; uno **spinone** e un **nasello** danno alla luce lo spinello; un **babbuino** e un **tubetto di cerone** generano Mengacci; un **istrice** e una **tartaruga** possono dare origine a una spazzola e un pettine.

Questi incroci sono comunque rari, in quanto nel mondo animale l'accoppiamento è finalizzato soprattutto alla conservazione della specie. E non pensiate, piccoli sprovveduti, che questo sia un compito facile. Tutt'altro. Alcuni animali hanno seri problemi di accoppiamento, e, di conseguenza, difficoltà di riproduzione. Analizziamo alcuni casi.

Cominciamo dal **lupo:** di questo animale si dice che perde il pelo ma non il vizio; però, a giudicare da quanti ne sono rimasti, è chiaro che perde il vizio più di quanto non perde il pelo. Probabilmente le difficoltà di accoppiamento del lupo derivano dal suo pessimo carattere: l'unico che gli voleva bene era San Francesco, ma siccome aveva fatto voto di castità non poteva essere un partner adatto alla riproduzione.

Al contrario del lupo, esistono animali che lo fanno con una tale frequenza da essere diventati proverbiali, come nel caso del **riccio**. Questo non vuol dire che il povero animale non abbia serie difficoltà di accoppiamento, anzi: tenendo presente l'estrema prudenza che deve mettere in atto ogni volta, forse per lui sarebbe più facile se prima di montare sulla riccia le facesse usare un buon balsamo.

Anche l'habitat può essere fonte di problemi per l'accoppiamento degli animali. Prendiamo il caso del **verme solitario:** la sua sarebbe una vita felice, considerando il fatto che non si conoscono casi di morte di infarto ed è immune sia dal colesterolo che dal diabete. Il poveretto ha però dei seri problemi di relazione e di vita sociale. Già è difficile per lui incontrare una verma solitaria, proprio in quanto solitaria, e quando per miracolo ci riesce, con che coraggio può invitarla a bere una cosa a casa propria? Questo è un tipico caso di habitat inadatto alla riproduzione.

Completamente diverse sono invece le difficoltà di riproduzione che incontra il **ghepardo:** il fatto che ci metta quattro secondi per passare da 0 a 100 gli crea non pochi problemi con la ghepardа, la quale ha tutte le buone ragioni per essere scocciata.

Le complicazioni della vita sessuale del **formichiere** sono invece concentrate nel petting: particolarmente imbarazzante è cercare di staccare la lingua attaccata alle tonsille della partner.

I problemi dei **polli** derivano invece dalla loro scarsa avvenenza: essi sono costretti a fare l'amore vestiti, perché se l'uomo nudo è ridicolo, state certi che il gallo è peggio, per non parlare della gallina che appena si leva le piume le viene la pelle d'oca. Questa mancanza di avvenenza ha creato tali problemi di riproduzione tra i polli che ultimamente la gallina non fa più le uova ed è costretta da adottarle. In questo modo la sopravvivenza della specie è assicurata, cosa che purtroppo non avviene per altri animali, come ad esempio il **condor,** il quale come si sa è in via di estinzione. Del resto come stupirsene: è brutto, è cafone, è schiattamuorto, è zozzo, ha sempre l'alito pesante per via della dietà, ha pure un brutto carattere, infatti è sempre triste (si è mai sentito parlare di un «gioioso svolazzare di avvoltoi»? No). Ecco perché la gallina resta e il condor... pasa.

Parlando di animali in via di estinzione il posto d'onore spetta naturalmente al **panda,** che ne è diventato il simbolo. Oramai ne sono rimasti talmente pochi esemplari che un povero panda maschio se volesse accoppiarsi dove mai potrebbe trovare una panda? Dal concessionario a prezzi stracciati fino al 30 dicembre, direte voi fedeli marmocchi (ah ah ah, questa sì che fa ridere), ma anche in questo caso rimarrebbero seri problemi di riproduzione.

Ma fra tutti gli animali quelli con maggior difficoltà di accoppiamento rimangono gli animali marini che, come tutti ben sanno, sono molto delicati: pensate che il **tonno** si taglia con un grissino!

Non so con cosa si tagli la **balena,** forse col rasoio quando si fa la barba, ma so per certo che la sua vita sessuale non è facile. Le prime difficoltà sono causate dalla sua mole: come tutti sanno, il baleno ha un pistolino che si potrebbe definire «pistolino del 28», inteso non come centimetri ma come tram, mentre la femmina della balena possiede una pipilla dalle dimensioni della grotta azzurra che, se vogliamo andare a vedere, sarebbe il sogno di tutti noi. Però questo crea dei problemi, perché in mare, con le onde e la corrente, prendere la mira col 28 barrato è complicatissimo, soprattutto perché le balene non hanno neanche le braccine per tenersi. Quando poi, dopo innumerevoli tentativi, la congiunzione finalmente avviene, questa va per le lunghe: il rapporto sessuale delle balene dura infatti quattordici ore, con grande invidia di chi scrive e di chi legge. Il problema è che per tutte le quattordici ore le balene cantano, creando seri problemi di convivenza con le altre specie marine che a quell'ora vorrebbero dormire.

Rimanendo in tema di animali marini vanno ricordate anche le difficoltà sessuali che incontrano le **foche.** Tralasciando la foca monaca che, in quanto tale, è fatalmente destinata all'estinzione, anche la foca laica ha problemi di riproduzione legate alle difficoltà di rompere il ghiaccio che, come si sa, sulla banchisa è molto spesso. Di solito è la femmina a prendere l'iniziativa mettendosi in mostra con difficili esercizi che non sempre sono apprezzati dal maschio, soprattutto perché lei fa girare le palle: certo, le fa girare sul naso, ma comunque le fa girare! La foca femmina è un animale molto passionale, infatti è facile sentirle dire « Mi sento il foco dentro! », ma è anche molto sospettosa in quanto teme che il maschio stia con lei solo per interesse, ed ecco allora la fatidica domanda: « Mi ameresti lo stesso se al posto della pelliccia avessi un semplice loden? »

Gli esempi di animali con problemi di accoppiamento potrebbero proseguire, ma per quanto gravi tali problemi possano essere, ricordate, miei giovani discepoli, che saranno sempre quisquilie rispetto alle difficoltà che si incontrano nel mondo umano. Infatti la grande fortuna degli animali è che si accoppiano seguendo unicamente il proprio istinto. Un tempo lontano era così anche per l'uomo. Ora purtroppo non più. Da tempo immemorabile il sano istinto sessuale viene filtrato attraverso i **sentimenti**. Sono i sentimenti che hanno, nel corso dei secoli, reso l'uomo differente dalle bestie: infatti, nel corso dell'evoluzione la razza umana è sensibilmente peggiorata rispetto alle altre.

Nel prossimo capitolo parleremo proprio dei sentimenti, e di come questi influenzino profondamente l'attività sessuale degli umani.

VI

L'amore

Amor, c'a nulla amato amor perdona, mi prese del costui piacer sì forte, che , come vedi, ancor non m'abbandona.» Quante volte ognuno di noi ha usato questa frase e quante volte si è chiesto: che cazzarola significherà e che cosa sto dicendo?

In effetti è molto difficile definire il significato della parola «Amore». Se qualcuno di voi, candide crisalidi, ne conosce il significato, può andare direttamente all'ultima pagina senza passare dal via e ritirare 50.000 lire alla cassa. A tutti gli altri, e sono sicuramente la maggioranza, consiglio di leggere con molta attenzione questo capitolo, in cui cercheremo di capire insieme quali sono gli elementi che costituiscono questo complesso sentimento.

La prima cosa che dovete sapere, miei piccoli estimatori, è che non sempre chi parla di amore lo fa in buona fede. Infatti per la maggior parte degli uomini l'amore rappresenta la più classica delle scuse per arrivare al sesso. Il bello è che le donne da sempre fanno finta di crederci: ed è così che nascono i bambini. La scusa dell'amore è molto applicata nei primi incontri, dove è facile che lui dica: «Non ti chiedo di venire a letto con me, aspetto che nasca prima l'amore»; ma la traduzione esatta è: «Ti prego toccamelo, sono disposto anche a darti del denaro». Già vedo alcuni di voi, o cucciolotti, con il viso stupito come a dire: «Ma le bugie non si dicono!» Imparerete presto, poveri ingenuotti, che la **bugia** è uno degli elementi fondamentali dell'amore, soprattutto per voi maschietti. Quando crescerete, e saprete far di conto, scoprirete infatti che ogni affermazione riguardante la sfera affettiva e sessuale è una bugia e deve essere divisa per 4. Ad esempio se un amico dice: «Stanotte ne ho fatte 6!», vuole significare «Stanotte ne ho fatta una, e alla seconda non ci sono arrivato proprio del tutto»: infatti 6 diviso 4 fa 1 e mezzo.

Un'altra peculiare caratteristica delle bugie è che cambiano in funzione della persona che ascolta. Per esempio: se passa una bella ragazza è facile che un amico vi dica: «Quella me la sono fatta». Lo stesso amico al passaggio della stessa ragazza direbbe alla moglie: «Quella come tipo fisico non è un granché, però è piacevole dissertare con lei di letteratura». In entrambi i casi si tratta di bugie.

Ma se, come avete visto, la bugia è utile per rompere il ghiaccio all'inizio di un rapporto, essa diventa poi strumento indispensabile per la sopravvivenza all'interno di una coppia. Vedo di nuovo alcuni di voi, sbigottiti come a dire: «E perché mai dire bugie alla propria fidanzata?» La risposta, anime semplici, è facile: per difendersi dalla **gelosia**, il secondo elemento fondamentale dell'amore. Non si può parlare di amore senza parlare di gelosia, anche se un tempo lontano, negli anni Sessanta e Settanta, era in uso una pratica, denominata **amore libero**, per la quale si faceva finta di essere felici del fatto che la tua fidanzata potesse andare a letto con chi voleva. In realtà ti giravano i coglioni come polli in una rosticceria. Il fatto che gli ex sessantottini oggi sono tutti calvi, dimostra che non hanno passato una bella gioventù. E infatti, dopo questa esperienza fallimentare, si è tornati al vecchio tipo di amore, quello per l'appunto dominato dalla gelosia, sentimento che da sempre rovina il fegato e le suppellettili di casa.

E parlando di gelosia introduciamo il terzo fondamentale elemento dell'amore, ovvero il **tradimento:** pratica per cui sia al militare che in amore si rischia la fucilazione.

Si può tradire col pensiero o col corpo, ma mentre per gli uomini è importante solo il secondo caso, per le donne hanno lo stesso valore. Sappiate infatti che la vostra lei vi crocifiggerà non solo se la tradirete ma anche se penserete di farlo. Quindi, visto che il risultato non cambia, tanto vale...!

Colui che tradisce, miei piccoli signori, si chiama infedele; il contrario di infedele è fedele ma è detto solo di Confalonieri. Fin dai tempi più remoti, contro gli infedeli si sono intentate crociate, alcune in Terra Santa ma la maggior parte dentro casa.

Quando il tradimento avviene all'interno di una coppia sposata, si parla di adulterio: un peccato punito gravemente dalla società, ma solo quando si tratta di un'adultera. Da sempre infatti vige una simpatica convenzione per cui quando chi tradisce è il marito, lui è un furbacchione e lei un'ingenua, mentre quando accade il contrario lui è un cornuto e lei una zoccola. * Di conseguenza da

* Per voi piccoli ingenui, e in particolare per quelli nati al Nord, è bene chiarire che col termine «zoccola» non si intende il femminile di zoccolo, bensì un topo di grossa dimensione oppure una donna di malaffare. Minni, la moglie di Topolino, in quanto topo di grande dimensione era una zoccola.

sempre l'uomo adultero l'ha fatta franca mentre la donna adultera non l'ha mai passata liscia. Naturalmente il tipo di punizione variava a seconda della civiltà: i Babilonesi le affogavano, gli Ebrei le lapidavano, gli Arabi le sgozzavano, i Cinesi le facevano montare da un cavallo (come si dice: «Occhio per occhio, occhio al quadrato»).

A questo punto voi maschietti potreste fare un bel sospiro di sollievo, pensando di avere davanti a voi un futuro roseo, al riparo da ogni punizione per i vostri eventuali e probabili tradimenti. Sbagliato! Quello che ancora non vi ho detto, infatti, è che qualsiasi punizione sociale è niente in confronto a quello che una donna può fare al proprio marito in caso di tradimento. E del resto è logico che sia così, perché niente è più terribile per una donna che l'infedeltà dell'uomo amato. In seguito a una tale delusione amorosa può perfino accadere che le donne si chiudano in un convento. Se poi la delusione è particolarmente forte può accadere che si chiudano in un convento di frati.

VII

La seduzione

Abbiamo parlato nel capitolo precedente dell'amore, sentimento strettamente connesso al sesso. Ma secondo voi: è sufficiente l'amore per far bene l'amore?

Risposte possibili:

- ☐ sì
- ☐ no
- ☐ forse
- ☐ non so
- ☐ altro

Mettere la crocetta nella risposta scelta.

Se avete risposto no, bravi! Siete piccoli ma non completamente deficienti, e quindi potete andare avanti nella lettura.

In questo capitolo parleremo infatti della seduzione, un'arte antichissima che studia i vari modi per esaltare il proprio *sex-appeal* (pronuncia: sex a pil), che non è, come molti di voi certo pensano, una specie di Cicciolina con le Duracell.

Esistono molti utili accorgimenti per aumentare il proprio fascino sessuale e uno tra i più comuni è senza dubbio l'uso del **PROFUMO.** Cos'è un profumo? Un classico regalo di Natale che si può sostituire con foulard, cravatte e portachiavi. È vero, ma esso può essere anche un grosso richiamo erotico, purchè sia usato con alcuni opportuni accorgimenti. Ad esempio è fondamentale lavarsi prima di usare qualsiasi profumazione, onde evitare di ottenere alchimie chimiche che in molte circostanze sono anche vietate dalla legge. Marilyn Monroe dormiva vestita di due gocce di Chanel n. 5, ma non vale per tutti: conosco gente che anche se ne usasse una damigiana non ne trarrebbe alcun vantaggio. In questi casi è consigliabile dormire coperti da un lungo e accollato pigiama. È questo un antichissimo indumento esistente fin dal Paleolitico: è stato infatti rinvenuto in una caverna nei pressi di Teramo un fossile di foglia di fico a strisce bianche e azzurre e vicino a esso un'ombra con incastonata una molecola di merletto rosa risalente al Pleistocene e che una volta clonata ha originato un baby-doll.

Ma non sempre coprirsi è il sistema migliore per nascondere eventuali disattenzioni di madre natura. Oggi infatti esistono armi e tecniche capaci di tramutare anche un caterpillar a cingoli in qualcosa di simile a un oggetto del desiderio.

Un valido aiuto per migliorare le forme femminili e contrastare la forza di gravità, è fornito dalla **biancheria intima**, ovvero un insieme di impalcature, contrafforti e strutture che servono ad alzare, comprimere e compattare in modo direttamente proporzionale all'età.

Lo strumento più antico usato a questo scopo dalle donne è il **busto,** non nel senso del paese della Lombardia, ma in quello di corpetto con le stecche che serve a stringere i fianchi ed evidenziare il seno. Ancora oggi esso viene utilizzato, ma con una raccomandazione: come durante le crociere si fanno gli addestramenti per l'eventuale uso dei gommoni da salvataggio, così si deve fare l'addestramento per l'uso del busto. Infatti sia nell'uno che nell'altro caso basta tirare un filo sbagliato e scoppia tutto.

Un altro accessorio utilizzato dalle donne per valorizzare il busto è il **reggiseno**, un indumento intimo che ha avuto alterne fortune. Vi è stato infatti un periodo, negli anni Settanta, in cui le donne bruciavano i reggiseni in piazza; se le stesse donne lo facessero oggi inciamperebbero, per cui il reggiseno è tornato di moda. E dopo anni e anni di ricerca su ferretti, stecche e balconcino, si è finalmente arrivati al mitico Wonderbra, che riesce a convogliare sul davanti brandelli di pelle ripescati anche da dietro le orecchie. La raccomandazione è quella di non slacciarlo mai perché, per via di un incantesimo, quando questo accadesse tutto, come in un flipper, tornerebbe al posto suo e la delusione sarebbe enorme.

Il reggiseno viene di solito abbinato a slip coordinati, la cui funzione è quella di valorizzare le forme dei glutei. Il più famoso e universalmente conosciuto tra gli slip è la mitica **mutanda di Roberta**, oggetto illusorio che lascia supporre che se ti metti quella mutanda ti viene il culo come quello di Roberta e invece hai già culo se ti entra la mutanda.

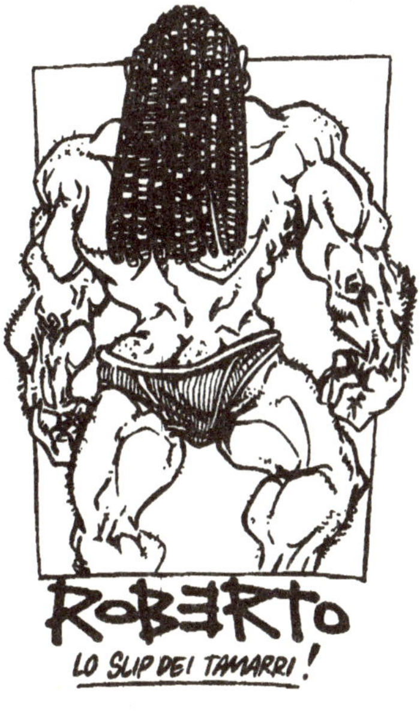

Ma seno e glutei non sono le uniche parti del corpo femminile da valorizzare. Non bisogna infatti sottovalutare le gambe, che da sempre rappresentano una validissima arma di seduzione, soprattutto se le donne hanno l'accortezza di usare il **reggicalze**, un accessorio che, come sanno bene gli uomini, non tiene su soltanto le calze. Parlando di calze, quelle più erotiche sono probabilmente le **calze a rete**. Esse però sono consigliate solo a chi ha le gambe magre, onde evitare l'effetto mortadella. È bene anche essere depilate, perché la fuoriuscita da ogni maglia di un ciuffetto di pelazzi crea solo l'illusione di aver pescato un koala. Comunque con l'anti-trust non si potra avere che una sola rete, così il problema è risolto.

Attualmente sono in commercio centinaia di tipi diversi di calze, studiate per migliorare la forma delle gambe e nasconderne eventuali difetti. Le donne possono scegliere tra contenitive, riposanti, modellanti, elasticizzate, in plexiglas, in mogano, durallumininio anodizzato, in amianto o idrogeno liquido. Esistono infatti alcuni inestetismi delle gambe che è molto difficile mimetizzare. Prendiamo ad esempio la **cellulite:** essa è da sempre considerato il peggior dramma dell'umanita dopo la fame nel mondo e la menopausa. Le donne dal '68 a oggi non hanno mai smesso di lottare: allora per i diritti civili, oggi contro la cellulite. E non da meno sono le **vene varicose**: esse fanno sì che la gamba prenda la forma del cero pasquale dopo che è stato acceso per 48 ore e raggiungono le dimensioni di marmitte catalitiche. Ma una loro comodita ce l'hanno: si possono fare le endovene da lontano, basta tirare la siringa.

Per eliminare questi antipatici inestetismi le donne più benestanti si rivolgono alla medicina, alla cosmetica, alla chirurgia. Le donne più malestanti cercano invece rimedi più economici: uno di questi consiste nel farsi crescere a dismusura i peli delle gambe così da nascondere qualsiasi magagna. Ma in questo caso il rimedio è peggiore del male: avete mai provato a far l'amore con un castoro?

In effetti una costante e corretta **depilazione**, ovvero l'eliminazione dei peli superflui, rappresenta un presupposto fondamentale per le donne che vogliono esaltare la propria femminilità.

Come tutti sanno i corpi dei mammiferi sono cosparsi di peli, ma più che altro i corpi dei babbiferi: il fatto è che sui mammiferi fanno più impressione che sui babbiferi.

La crescita dei peli è proporzionale al numero e alle dimensioni degli ormoni maschili: più ormoni maschili più peli. Se vedete qualcuno con dei peli grossi come asparagi vuol dire che quello tiene degli ormoni dalle dimensioni di un fagiano. Dagli ormoni maschili dipende anche la qualità e la diffusione dei peli, compresi quelli sulla lingua. Ad esempio, se una donna ha molti ormoni maschili e un'amica, può capitare che abbia anche dei peli sulla lingua.

Nella specie umana ci sono alcune razze più pelose e alcune meno: le giapponesi per esempio sono lisce come capitoni, le tedesche invece sono più ruvide; considerando poi che in Germania non si fa nessun uso della depilazione di pelo biondo in linea di massima le donne ariane, assomigliano a dei setter irlandesi. Le donne mediterranee altresì sono tra le più pelose, in particolare le arabe d'angora e le greche merinos, originarie del Peloponneso.

Vediamo adesso quali sono le tecniche per raggiungere una perfetta depilazione. Esse variano in genere a seconda della zona da depilare.

Prendiamo ad esempio l'**inguine**. La sua depilazione è una specie di gioco di società: avviene in spiaggia e ogni concorrente ha a disposizione una pinzetta; al via le concorrenti cominciano a parlare tra di loro e a strapparsi i peli che fuoriescono dal costume; l'operazione può essere anche reciproca. Il gioco riesce quando ogni pelo viene sostituito da un foruncolo, che dal punto di vista estetico è infinitamente peggio del pelo. Vince chi si riduce peggio, infatti nel giro di mezza giornata l'inguine diventa assai malconcio e pesto, da cui il termine «linguine al pesto». Alcune donne proseguono il lavoro iniziato sull'inguine e rasano a zero l'intera **pipilla**, che può essere carina per qualche giorno, ma quando il livello ricomincia a crescere si compie la tragedia greca: l'intera zona si trasforma in un campo di granoturco appena mietuto e la pipilla viene così a essere protetta dal filo spinato come una trincea della guerra del '15-'18: inespugnabile. È come fare l'amore su uno scoglio con un riccio: sei costretto ad usare le scarpette di gomma celesti con le stelline marine in bassorilievo. Il problema è che se ti pungi devi levarti le spine con l'ago.

Per quanto riguarda invece la depilazione delle **gambe**, essa può avvenire con molti sistemi: ceretta, epilady, falciatrice, catrame, elettricità, ecc.

Con la depilazione elettrica o elettrocoagulazione, i peli non sempre cascano, ma si addirizzano per cui è più facile vederli e intervenire eventualmente con la falce. Si può usare anche la fiamma ossidrica, ottenendo così una buona depilazione, anche se può essere fastidioso il caratteristico odore di pollastro: ma è questione di ore, poi passa.

Una delle tecniche più utilizzate è comunque la ceretta, che si usa fin dal 1380 e fu inventata dalla Santa Inquisizione. Alcune donne si depilano solo i polpacci interrompendo l'operazione appena sopra il ginocchio, così che dopo la depilazione sembrano indossare dei bermuda di cachemire.

Le femminucce, in linea di massima, cominciano a depilarsi le gambe in età sempre più giovanile, tant'è che la Mattel, oltre alle bambole che piangono, mangiano, russano, fanno la cacca, copulano e vanno in pensione, ha fatto bambole con le gambe che ogni due ore si riempiono di peli e devono essere depilate. Oggi le donne incominciano a depilarsi dopo otto giorni di vita, e questo fa sì che i peli ricrescano sempre più folti e forti e già a sei mesi hanno la tendenza, se non si depilano, ad assomigliare sempre più a Solženicyn.

La primavera è la stagione della grande depilazione: finito l'inverno ci si leva le calze, e il vello è pronto per essere tosato. Con una sola gamba si riescono a fare due o tre materassi e qualche cuscino.

Un altro cruccio di alcune donne sono i **baffi,** da cui il detto: « donna baffuta sempre piaciuta », che si suppone sia stato inventato dalla sorella di Emiliano Zapata.

Non sempre le donne che si incontrano con il ciador sono islamiche: in alcuni casi il loro volto è solo coperto dai mustacchi. Al contrario le basette un po' pelose possono essere graziose, l'importante è che i peli non si ricongiungano sotto il mento.

A questo punto spero di avervi edotto, o miei adepti, su alcuni dei meccanismi più importanti della seduzione, arte in cui le donne sono maestre indiscusse.

E gli uomini, vi chiederete voi?

Ebbene: ultimamente anche gli uomini, di fronte allo spiegamento di mezzi e tattiche utilizzati dalle donne, hanno iniziato a darsi da fare per valorizzare il proprio fascino, anche se la lotta è assolutamente impari. Ad esempio, nel campo della biancheria intima l'uomo può scegliere solo tra calzettini, mutanda e canottiera: tutti indumenti senza una grande dignità. Comunque è bene ricordare alcuni facili accorgimenti per utilizzarli al meglio. Ad esempio nel ramo mutanda si sconsiglia vivamente: la mutanda a costine con triangolo di presa d'aria; i boxer fosforescenti con coniglietti che si rincorrono; la mutanda con filo interdentale fatta in paillettes (è preferibile quella fatta in paillard); la mutanda autoreggente a balconcino imitazione Wonderbra modello Little Tony con mappata di cotone idrofilo già inserito da usare sotto il blue-jeans. Ma qualsiasi sia il modello scelto, è importante che la mutanda, al contrario della banana, non abbia il bollino giallo.

Ricordatevi inoltre che mentre una donna in biancheria fa il suo bell'effetto, l'uomo in mutande canottiera e calzini è inguardabile. Se poi la canottiera viene tenuta dentro la mutanda e fatta fuoriuscire dalle cosce è ancora peggio. Quindi, in presenza femminile, consigliamo di spogliarsi in fretta e nascondersi sotto il lenzuolo in silenzio, senza fare troppo gli spiritosi.

Purtroppo non sempre è possibile effettuare questa manovra di spogliamento in maniera veloce e incruenta. Infatti, proprio nei momenti di maggior tensione, l'uomo può trovarsi a fare i conti con un marchingegno subdolo e terribile: la **cerniera lampo.** È questo uno strumento di tortura dotato di una miriade di dentini, inventato per mordersi il pistolino nei momenti meno adatti, preferibilmente in posti pubblici molto affollati, tipo toilette dell'autogrill. In questo modo, nonostante il dolore superi quello dello stivaletto malese, non si può non dico ululare come un licantropo e mettere su un Cd di bestemmie in turco, ma neanche lamentarsi sottovoce.

Tale terribile strumento è in uso anche tra le donne, le quali abitualmente sigillano la cerniera lampo con saldature al titanio, tanto che chi riesce ad aprirne una ha il diritto di trascriverlo sul proprio curriculum.

VIII

Il rapporto sessuale

Abbiamo analizzato nel precedente capitolo alcuni possibili meccanismi di seduzione. Voi apprendisti a questo punto potreste chiedervi: ma perché mai bisognerebbe mettere in atto tali meccanismi a volte faticosi e noiosi? A quale scopo, per quale motivo? Cui prodest? Sono dei bei quesiti che vi fanno onore: bravi! Si capisce che siete ancora liberi da quella malizia e quei secondi fini che caratterizzano invece molti adulti, ma siete anche un po' deficienti.

Illustrerò in maniera scientifica ed esauriente che cosa vi perdete. Ecco infatti che di seguito vi spiegherò cos'è e come funziona un rapporto sessuale.

La prima cosa che dovete sapere, miei giovani e imberbi discepoli, è che il rapporto sessuale passa attraverso varie fasi, funzionali una all'altra. Analizziamole in dettaglio.

Prima fase

La prima fase di un rapporto amoroso è quella cosiddetta dei **PRELIMINARI**, ovvero l'insieme dei contatti corporei e degli stimoli erotici finalizzati ad accendere il DESIDERIO sessuale dei partner. Sulla durata di tale fase «introduttiva» al rapporto sessuale vero e proprio, uomini e donne hanno opinioni lievemente divergenti: infatti le donne ritengono che dovrebbero durare il più a lungo possibile, mentre gli uomini sostengono esattamente il contrario.

Vediamo comunque in cosa consistono tali controversi preliminari. Fino a qualche tempo il primo scambio in un rapporto amoroso era il **bacio**. Da quando c'è l'Aids prima del bacio si scambiano le analisi-cliniche, e la domanda «Come ti chiami?» è stata sostituita da: «Come si chiama il tuo medico?». Ci sono molti tipi di bacio: il *bacillo*, che consiste nel baciare qualcuno con l'influenza; il *bacino*, quando si baciano le ossa delle anche; il *bacio Perugina*, ovvero l'apostrofo rosa tra le parole «t'amo» o anche il punto interrogativo giallo alla fine delle parole «me la dai?», e se lei ricambia il bacio, si può interpretàre come la virgola verde tra le parole «forse, ma non oggi comunque»; c'è poi il *bacio di Giuda*, il *bacio della Donna Ragno*, *il bacio di dama* e via dicendo. Alcuni baci sono particolarmente facili e altri difficilissimi. Tra i più difficili c'è il bacio dell'ombelico: la difficoltà sta nel baciarlo dall'interno.

Una variante del classico bacio è il **succhiotto**, una specie di marchio di proprietà privata che si applica sul collo della fidanzata o del fidanzato. Esso viene coperto di solito da un piccolo foulard, per far sì che la concorrenza non lo veda.

Oltra alla bocca, durante i preliminari sono molto usate anche le mani. Quando si toccano le zizze, ovvero il petto, si fa il **petting**; quando invece si toccano le cosce si fa coscing e quando si arriva ai glutei si fa il chiapping; everybody è quando si tocca tutto il corpo. La traduzione italiana di petting è pomiciare, vocabolo arcaico che viene da pomice, con la quale ci si strofina i piedi callosi nell'acqua calda dopo aver camminato per ore e ore con grossi scarponi di cuoio. Meglio petting.

Seconda fase

Se la fase dei preliminari è stata soddisfacente, si entra nella seconda fase del rapporto amoroso, caratterizzata dall'**eccitamento** dei due partner.

Nella donna questa fase si manifesta con le **secrezioni**, dette anche *Sint 2000*, che hanno funzione di lubrificanti. Quindi, se una donna dice « sono bagnata », vuol dire che è eccitata, a meno che non stia sotto il temporale senza ombrello e allora è sfortunata.

Nell'uomo invece l'eccitamento è caratterizzato dall'**erezione.** È questo un miracolo indispensabile all'accoppiamento, a meno che non si ricorra a una buona ingessatura o agli stecchini del gelato tenuti con lo scotch.

L'uomo può ottenere l'erezione anche eccitandosi da solo, senza l'aiuto di una donna. La differenza è la stessa che passa tra gonfiare la ruota della bicicletta a mano o dal gommista: dal gommista sia la velocità che la soddisfazione sono infinitamente superiori.

Il maschio dell'uomo è molto orgoglioso delle proprie erezioni, anche se a volte sono solo virtuali, come quelle della mattina, quando è un fatto puramente idraulico: comunque è bene non farsi sfuggire l'occasione, questo è un consiglio dell'autore. Questo orgoglio viene meno in alcune circostanze, ad esempio al mare quando sei in costume e l'erezione si trasforma automaticamente in brutta figura.

La durata dell'erezione è limitata nel tempo, quindi se sentite qualcuno dire «l'ho fatta ululare per tutta la notte», sta parlando della sirena dell'antifurto.

Può succedere che l'erezione venga meno, e allora si ricorre a qualsiasi tentativo, ivi compreso Giucas Casella e la levitazione, ultima spiaggia; in certi casi ci si rivolge pure alla magia.

Terza fase

Quando i partner sono sufficientemente eccitati, essi sono pronti a raggiungere l'**appagamento sessuale**, che costituisce la terza fase del rapporto amoroso. Per raggiungere tale appagamento non bisogna andare, ma **venire.** E se voi bambini pensate che la cosa più bella nella vita sia andare insieme, è perché ancora non avete provato come sia appassionante venire insieme. Al contrario, è assai deprimente quando un maschietto alla domanda ansimante: «Vieni?» si sente rispondere: «Vai avanti tu, ti raggiungo, non mi sono neanche ancora incamminata».

Una raccomandazione: se qualcuno vi dice «vengo e mi spiego», pretendete da lui che prima si spieghi e poi in caso può venire. Potete invece stare invece tranquilli quando sentite la vostra fidanzata dire «mi è venuta all'orecchio», o «ho fatto venire l'idraulico», perché sono modi di dire che poco hanno a che vedere con il sesso.

Ci sono molte tecniche per venire, ma la più comune è quella suggerita dalla parola stessa. Infatti «venire» non sempre implica un complemento di moto a luogo, ovvero

recarsi nel luogo dov'è la persona a cui si parla: a volte significa recarsi direttamente *nella* persona a cui si parla. Quando questo succede si parla di coito o **copula.**

Difficilmente, devoti virgulti, vi sarà spiegato in maniera esatta il significato di questa parola. Infatti se domandate a un prete esso vi rispondera che la copula è una copertura a volta, e di certo vi citerà quella di San Pietro, detta anche « er copulone ». Che c'entrano queste copule con il sesso? Niente, tranne il fatto che ognuno cerca di aumentare le proprie copule: la chiesa le sue e i privati le loro.

Ma anche la scuola, adorati bambini, non saprà chiarirvi le idee sul significato della parola copula. Infatti se domandate al vostro maestro di italiano, egli vi risponderà che si tratta della congiunzione tra soggetto e predicato. Non credeteci: in realtà la copula è la congiunzione tra soggetto e soggetta.

Tale congiunzione può avvenire in diverse maniere, a seconda dei gusti e delle tendenze dei partner. Analizziamo quelle più comuni:

1) Il metodo classico di congiunzione carnale tra uomo e donna consiste nell'inserire il pistolino nella pipilla. Tale operazione può avvenire in diverse maniere, a seconda delle **posizioni.** La più classica di esse è detta la

posizione del missionario perché veniva insegnata dai sacerdoti alle donne delle popolazioni primitive. Ma non erano andati a spiegare il Vangelo? Mah! Esistono comunque molte altre posizioni, abitualmente contrassegnate da numeri o da liquori, esempio: *Vat 69*, *Stock 84*, *Amaro 18*, e così via.

La mamma di Cicciolina diceva sempre alla figlia, fin dalla più tenera età: «Tesoro fatti una posizione, tesoro fatti una posizione...» e lei, che era una ragazza di buona volontà, ne ha fatte molte facendo carriera. Ma anche i non professionisti possono impararne diverse e fare bella figura: l'importante è procedere per gradi, dalle più facili a quelle più complicate. Ce ne sono anche di difficilissime, per le quali ci vogliono anni e anni di allenamenti; poi, dopo anni e anni che ti sei allenato, finalmente riesci a fare la posizione ma non ti ricordi più perché.

Spesso accade che alcuni gruppi politici prendano una ferma posizione, ma questo significa in linea di massima che la posizione la fanno prendere a noi.

Può anche accadere che la capitaneria di porto ti chieda: «Qual'è la vostra posizione?» Non si deve rispondere la pecorina, ma dare le coordinate.

2) Un altro tipo di congiunzione tra uomo e donna è costituito dal **rapporto orale,** che si contrappone al rapporto scritto. Di solito se si va bene all'orale si passa facilmente anche allo scritto; il rischio è di doversi presentare a settembre e per tutta l'estate devi prepararti da solo.

Se è l'uomo ad andare bene all'orale si parla di *cunnilingus*, se invece è la donna, si parla di *fellatio*. È quest'ultima una pratica molto apprezzata dall'uomo, ma da evitare accuratamente dopo un'atterraggio di fortuna sulle Ande o dopo dieci giorni di sciopero della fame da parte della tua partner: in questi ed altri casi c'è da stare preoccupati. Per questa pratica ci sono appositi profilattici, i «Brooklyn gusto lungo», detti appunto i profilattici del ponte (ponte inteso come protesi dentale).

3) Il terzo e ultimo tipo di congiunzione carnale tra uomo e donna che analizzeremo qui, risponde al nome di **sodomia**: un argomento che suscita ilarità ma anche bruciore. Questa pratica prende il nome dalla città di Sodoma, luogo dove era pericoloso financo affacciarsi alla finestra perché non ci si poteva fidare di nessuno, neanche in famiglia. È lì infatti che inventarono il detto «avere una famiglia sulle spalle». Il signore punì Sodoma e punì anche Gomorra, città di Gomorristi: tutto cominciò quando i gomorristi entrarono in una banca di Sodoma e dissero: «Fermi tutti questa è una rapina, tutti con la faccia al muro».

La Chiesa, fedele agli insegnamenti del Signore, ha da sempre continuato a perseguitare e punire duramente i sodomiti: nel diciassettesimo secolo la Santa Inquisizione li condannava al rogo o all'impalatura, una disciplina simile ma meno divertente. Come si dice: «Vedere la pagliuzza nell'occhio del vicino ma non far caso al trave che infili nel sedere della gente». Sospendere ed eliminare la condanna all'impalatura per sodomia è stata da parte della Chiesa un grande segno di democrazia: ha significato infatti rinunciare al monopolio.

Dormire come un orso non rientra nella casistica della sodomia, dormire con un orso invece si.

Si pratica anche per denaro, esempio: si buttano 5000 lire per terra e si aspetta che qualcuno le raccolga. Bisogna essere però molto veloci.

Abbiamo visto alcuni dei possibili modi in cui uomo e donna si congiungono carnalmente. Bisogna però precisare che qualunque sia il tipo di accoppiamento prescelto, e per quanto piacevole esso possa essere, questa fase del rapporto amoroso ha purtroppo un tempo limitato. Prima o poi infatti (prima l'uomo e poi, molto poi, qualche volta, forse, anche la donna) si raggiunge l'appagamento sessuale, ovvero l'**ORGASMO**, il momento topico dell'accoppiamento. Questo evento assume caratteristiche molto diverse a seconda se capiti a un uomo o a una donna. E siccome non capita mai a tutte e due insieme, analizziamo separatamente i due tipi di orgasmo.

Orgasmo maschile

Nell'uomo l'orgasmo si accompagna all'**eiaculazione**, ovvero l'emissione di sperma. Questo evento, di per sé non particolarmente esaltante, provoca nell'uomo reazioni sconvolgenti: ti batte il cuore come un tamburo di Tullio De Piscopo, ti agiti come un barman durante un cocktail, sudi come un pugile alla settima ripresa, salti come i tappi dell'Asti a Natale, senti le trombe, insomma: una specie di quando vince l'Italia. Allora ti abbracci stretto stretto alla tua fidanzata, a differenza di quando vince l'Italia che ti abbracci stretto stretto a un sacco di gente: quindi tutto sommato è meglio quando vince l'Italia. Puoi abbracciare un sacco di gente anche durante l'eiaculazione, ad esempio se questa avviene sull'autobus, ma ti arrestano.

C'è da dire che nella maggior parte dei casi l'eiaculazione, come le partite di calcio, si consuma davanti alla televisione, da soli a casa, e non si ha nessuno da abbracciare; quindi in entrambi i casi finito l'entusiasmo si cambia canale e si guarda un film.

Il primo orgasmo maschile è spontaneo e lo si sperimenta durante la pubertà: ci si sveglia bagnati e ci si chiede che cosa è successo. Per gli animali a volte è il contrario, ad esempio il capitone si chiede che cosa è successo

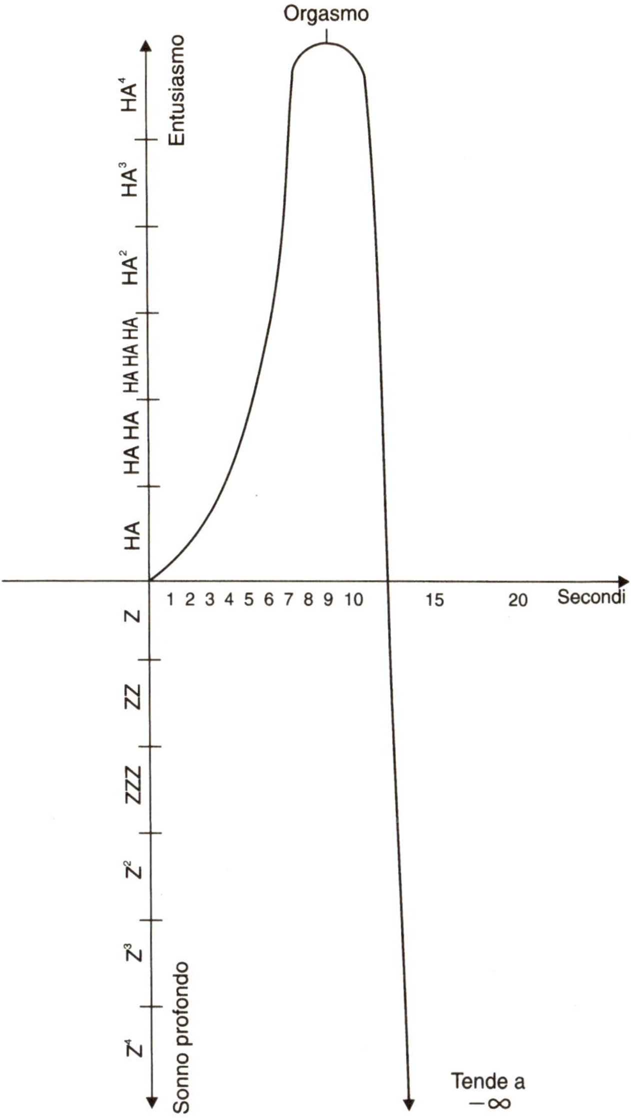
Orgasmo
Entusiasmo
HA^4
HA^3
HA^2
HA HA HA
HA HA
HA
1 2 3 4 5 6 7 8 9 10
15
20
Secondi
Z
ZZ
ZZZ
Z^2
Z^3
Z^4
Sonno profondo
Tende a
$-\infty$

quando si sveglia asciutto. Dopo il primo orgasmo che è spontaneo si passa la vita a procurarsene altri.

Ogni ora nel mondo ci sono 100.000.000 di orgasmi maschili. Questo significa che ci sono 30.000.000 di uomini che fanno l'amore, considerando che gli altri 70.000.000 si arrangiano per i fatti loro. Quindi ci sono 30 o 40 donne soddisfatte: questa infatti è la percentuale. Ci sono altresì 29.999.960 uomini che ogni ora chiedono: « Scusa cara, forse sono stato un po' affrettato... »

Per meglio chiarire come questo possa avvenire riportiamo un grafico stilato sulla base delle prestazioni sessuali medie dell'uomo in età matura.

Si può controllare l'eiaculazione? Sì, ma solo dopo che è avvenuta. Si controlla e si dice: « Però, che bella eiaculazione! »

Un disturbo sessuale molto diffuso tra gli uomini è l'eiaculazione precoce. Si definisce così l'eiaculazione che avviene prima che la vostra partner possa fare in tempo a fingere di provare un orgasmo.

Orgasmo femminile

.... Boh!

Asimov parla di tre livelli di orgasmo femminile: clitorideo, vaginale e multiplo. Quello multiplo dovrebbe avere un effetto devastante: la donna vede Puffi nudi, sente musiche celestiali e odori di melanzane al funghetto, insomma, meglio di Piedigrotta. Molte donne durante l'orgasmo urlano, alcune mordono, qualcuna tira petardi, le più nervose ti sputano in faccia, le più tranquille russano.

Quarta fase

Con l'orgasmo i giochi amorosi si concludono in quanto l'uomo sprofonda nell'ultima fase del rapporto, detta **PERIODO REFRATTARIO**, durante la quale nel maschio non è possibile indurre una nuova erezione nemmeno se si prega in sanscrito. La durata di questa fase varia con l'età: è minima (alcuni minuti) nell'adolescenza, mentre nell'età adulta e nella vecchiaia può durare per tutto il campionato di calcio.

Nella donna invece il periodo refrattario non esiste, per cui se essa è stimolata adeguatamente può sperimentare orgasmi multipli: però è molto difficile per lei eccitarsi con accanto un uomo che russa e le rovina la concentrazione.

IX

Le varianti

Miei giovani lettori, se avete studiato con attenzione il capitolo precedente siete ora sufficientemente preparati per eseguire con perizia e soddisfazione un rapporto sessuale col vostro partner.

Quello che imparerete in questo capitolo sono invece alcune varianti sul tema. Esistono infatti molte alternative possibili al rapporto amoroso « classico », quello cioè tra un uomo e una donna. Vediamo di analizzare quelle più diffuse.

La prima variante riguarda il *numero dei partecipanti* al rapporto sessuale. Non sempre infatti è necessario essere in due per raggiungere il soddisfacimento sessuale.

Ad esempio, gli amanti del **« fai da te »** prediligono la **MASTURBAZIONE**, una pratica che offre effettivamente molti vantaggi e molte comodità in più rispetto al rapporto a due. Prima di tutto puoi farlo con chi ti pare: dalle attrici americane alle commesse della Coin, dalle mogli degli amici alle sorelle dei colleghi. In secondo luogo è tutto molto più informale: non devi cominciare da lontano con frasi tipo « Di che segno sei? », non ti devi vestire elegante e, cosa importantissima, dopo non devi intrattenerle. Inoltre hai sempre tutto a portata di mano e non esiste al mondo una persona che lo faccia bene come te. Insomma: è una delle pratiche più rilassanti che esista e ti addormenti col sorriso sulle labbra.

La variante opposta alla masturbazione, che si fa in solitario, è l'**ORGIA,** che si fa in tanti. I suoi fautori sostengono la teoria dei grandi numeri, in base alla quale si può ragionevolmente supporre che più ne siamo più possibilità ci sono di divertirsi: nel casino qualcuno con un buon carattere si trova! Per i più ottimisti è già un'orgia quando si è più di uno.

Un'altra variante al rapporto sessuale ortodosso riguarda il sesso del partner. Quando i due partner sono di sesso diverso il rapporto è detto eterosessuale e tutti sono tranquilli, quando invece sono dello stesso sesso si parla di **OMOSESSUALITÀ** e tutti gridano allo scandalo.

La tendenza all'omosessualità si può manifestare fin dall'infanzia. Ad esempio, se ad avere propensioni omosessuali è un maschietto, può capitare che esso usi di nascosto il rossetto della mamma. Se la madre se ne accorge subito si comincia a preoccupare. Se invece il pargolo usa il rasoio del papà per radersi la testa, ha tendenza naziskin. Non si capisce perché il primo caso venga considerato più grave del secondo. In effetti per alcuni genitori l'interrogativo più angosciante è: sarebbe peggio un figlio omosessuale o un figlio negro? Sarebbe bello che un giorno il loro ragazzo sposasse un negro.

La discriminazione di cui sono oggetto le persone omosessuali dimostra l'assoluta arbitrarietà della morale comune: meno male che non hanno inventato un'etica per cui chi mangia gli spaghetti alle vongole debba essere punito, perché a me gli spaghetti alle vongole piacciono assai. Si vede che sono stato più fortunato. In effetti non è comoda la vita per una coppia di omosessuali, a meno che non abbiano la stessa taglia.

L'omosessuale maschile è detto anche **gay**, ovvero gaio, forse perché ottimista, visto che in Cina gli fanno l'elettroshock e da noi nella migliore delle ipotesi lo sfottono. In paesi con più larghe vedute della Cina lo arrestano e lo chiudono in prigione con una serie di altri uomini. Da questo punto di vista la prigione non fa bene neanche agli eterosessuali: provate infatti a chiudere per vent'anni in una pasticceria uno che non ama i dolci: può capitare che prima o poi un bigné lo assaggia, e a quel punto bisogna punirlo perché è diventato goloso.

Elemento riconoscibile nel mondo gay e il **travestito.** Quando vedete qualcuno travestito da Pulcinella o da Goldrake allora è Carnevale e questa e un'altra faccenda.

Chi è invece l'omosessuale femminile, ovvero la **lesbica**? Una buongustaia che, come me, ama le donne. Un uomo si trova sempre bene con una lesbica, perche può parlare del suo argomento preferito: le donne. Una lesbica tifosa di calcio sarebbe il massimo.

Saffo, la grande poetessa, cantava di quanto fosse bello l'amore tra donne: a me purtroppo non è mai capitato, ma sono certo che fare l'amore tra due donne dev'essere davvero una figata.

Per chiudere l'argomento sulle varianti al sesso del proprio partner, bisogna spendere due parole su chi questo problema non se lo pone proprio: l'**ermafrodito**, una persona che non ha bisogno di amici perché possiede tutto ciò che si possa desiderare nella vita.

Tutte le varianti descritte, cari piccini, pur discostandosi dal rapporto sessuale «classico», non mancano di oggettive soddisfazioni. Tali soddisfazioni sono negate a chi invece si orienta verso la più drastica delle alternative sessuali: la rinuncia ai piaceri della carne.

Bisogna premettere che le difficoltà contingenti rendono spesso l'**astinenza** un'abituale condizione umana. Ma anche dopo quindici anni di tale forzata condizione (occasione in cui le Poste stampano un francobollo commemorativo), il richiamo della carne non muore mai.

Diverso è il discorso di chi fa volontariamente astinenza per coltivare la **CASTITÀ**, ovvero un modo di vita non contaminato dal piacere carnale, che qualcuno ha definito la più depravata delle perversioni. Chi fa voto di castità desidera rimanere illibato e far rimanere gli altri allibiti. Sia Formigoni che Rosi Bindi hanno fatto tale scelta, quindi si deduce che a volte più che un desiderio la castità e una necessità: chi di voi si accoppierebbe infatti con Rosi Bindi o Formigoni? Semmai dovesse trattarsi di una scelta se ne deduce invece che a volte le differenze politiche sono irrilevanti: ci sono cretini sia nel centro destra che nel centro sinistra!

Esiste chi pur di rimanere casto ricorre alla castrazione, che garantisce il risultato ma crea fastidiosi effetti collaterali tra cui bellissime voci bianche: sarebbe fantastico sentir cantare Formigoni.

Se si vive in castità fin dalla nascita si rimane vergine: vergine è una persona che giammai ha avuto rapporti coniugali; extra-vergine è una persona che giammai ha avuto rapporti extraconiugali.

X

Le perversioni

Abbiamo visto insieme, miei giovani discepoli, come il comportamento sessuale possa subire alcune varianti a seconda dei gusti e delle tendenze dei partner. Quando però tale varianti sono conseguenza di seri disturbi patologici, si parla di perversioni. Non tutte le stranezze si possono definire perversioni, per esempio se a un caporale piace mettersi la mutanda della moglie non è pervertito ma è scemo. Analizziamo quindi le più comuni perversioni.

Feticismo

È questa la perversione di chi preferisce un reggiseno o una scarpa alla persona che la indossa. Tale comportamento comporta grandi vantaggi pratici: è molto più facile infatti procurarsi un reggiseno vuoto che un reggiseno pieno. In base a dei sondaggi fatti da Gianni Pilo il 3,4% dei feticisti ama le scarpe, il 2,7% reggiseno e calze, l'1,8% la torta di mele, l'1% l'Opel Kadett *, il 203,4% Silvio Berlusconi.

---

* I feticisti dell'Opel Kadett amano leccare per ore e ore la carrozzeria, ma evitano l'interno in alcantara perché gli si impasta la lingua; se la vernice è scura può capitare che d'estate la lingua si ustioni, allora passano a leccare i ghiaccioli al limone, ovvero feticisti del ghiacciolo al limone 0,3%.

Voyeurismo

Protagonista di questa perversrone è il guardone: nome scientifico **rattusus pitecus.** Il suo habitat è il giardino pubblico o il parcheggio autostradale. Si tratta di animale diurno o notturno, anche se di notte è costretto all'uso della pila; comunque sempre animale.

Il suo comportamento è ancora oggi oggetto di studi e dibattiti. Alcuni studiosi sostengono che la sua morbosa attrazione per le macchine derivi dallo spasmodico desiderio di possedere una macchina propria. Ma la scienza moderna smentisce questa ipotesi con una tesi inoppugnabibile: se così fosse il guardone se ne andrebbe a Monza o a Imola. Altri sostengono che il guardone gode del divertimento altrui, ma allora ci si chiede: perché non va al lunapark?

Viene utilizzato industrialmente in marina: infatti, messo sulla coffa di una nave, è tra i primi a vedere la terra.

Necrofilia

La necrofilia o schiattamuorteria è il piacere che si prova a fare l'amore con un morto. A chi non è mai capitato di trovarsi a letto con una donna o con un uomo che era una specie di cadavere e dopo criticava pure? Almeno il morto non critica.

Per fare il necrofilo professionista ci vuole pelo sullo stomaco e allenamento, perché non sempre si riesce a fare l'amore così a freddo. Per riuscirci ci vuole pratica ed esperienza, insomma: bisogna farsi prima le ossa.

Tra i bagnini di Riccione esiste il detto «basta che respiri»; tra i necrofili non c'è bisogno neanche di quello.

Zoofilia

Perversione di chi ha la passione per gli animali, che non significa andare allo zoo o portare le noccioline alle scimmie.

L'elenco delle perversioni sessuali potrebbe continuare per pagine e pagine, perché, cari piccoli ingenui, la fantasia umana in questo campo non conosce confini. C'è chi ama succhiare gli alluci e chi gli piace mettersi le mutande in testa, c'è chi gli piace fare l'amore col loden e chi col proprio cane, c'è chi gode a cospargersi di nutella e chi di parmigiana di melanzane. C'è chi fa la cacca dal terrazzo e chi sta sotto ad aspettare, che detto così fa pure schifo, e infatti gli estimatori del genere usano simpatici giochi verbali per identificare i propri gusti. Ad esempio ci sono gli amanti della **PIOGGIA DORATA**. Vedo già voi piccini con gli occhioni sgranati: che cosa è mai questa strana pioggia? Sarà forse la responsabile della formazione del Lago Dorato?

Capisco le vostre perplessità. In effetti con questo inquinamento non si capisce più niente: piovono le cose più strane. Ma la pioggia dorata è differente dagli altri tipi di pioggia: tanto per cominciare quando piove di solito si apre l'ombrello, mentre quando piove dorato il piacere sta nel tenerlo chiuso; sembra che più se ne prende in testa meglio è. In secondo luogo si tratta di un tipo di pioggia stagionale che c'è solo d'estate: infatti non si è mai sentito parlare né di grandine dorata né di neve dorata.

I masochisti cattolici che utilizzano questa pratica usano dire: « Piove che Dio la manda ». Si sa di raduni di pervertiti durante i quali si sono create delle alluvioni.

Ah, se mio nonno che era incontinente avesse saputo che ci sono degli estimatori chissà come sarebbe stato contento! È assodato comunque che il piacere per questo tipo di perversione non è innato, infatti non si è mai sentito alcun bambino dire: « Mamma mamma mi scappa la pioggia dorata ».

Certo si tratta di una pratica discutibile, ma c'è di peggio: conosco gente a cui piace il gelato al Puffo.

XI

Gli strumenti di piacere

Avete imparato negli ultimi capitoli, cari virgulti, come non esista una norma sessuale precisa per raggiungere il piacere: ognuno utilizza comportamenti diversi o inserisce variazioni sul tema a seconda dei propri gusti e delle proprie tendenze.

E laddove la fantasia non basta, interviene la tecnica. Esistono infatti in commercio speciali attrezzature per provocare o amplificare il piacere sessuale. La gamma di scelta è tale da soddisfare qualsiasi richiesta: si va dai vibratori con marmitta catalitica, particolarmente apprezzati dalle ninfomani ecologiste, a quelli che piangono e dicono «mamma mamma» della Mattel, studiati per le bambine fino a otto anni; gatti a due code per sadici discreti, e diecine e diecine di altri ritrovati.

Il settore in cui la fantasia dei produttori di attrezzi erotici si sbizzarisce di più è sicuramente quello dedicato agli **ARTICOLI GONFIABILI**.

Ci sono prodotti che una volta gonfiati sembrano proprio veri e soddisfano anche i gusti più particolari: cornetti Algida pneumatici per chi non pensa solo al sesso ma ha anche un cuore di panna; pecore gonfiabili per pastori soli; chierichetti a pressione per monsignori timidi, e via dicendo.

Ma tra tutto ciò che di pneumatico esiste, la più richiesta rimane la **bambola gonfiabile**. Essa, a differenza di quelle normali con cui giocano le bambine da piccole, viene utilizzata dai bambini da grandi. Pur trattandosi di un surrogato della donna, la bambola gonfiabile può procurare sensazioni fantastiche a chi la utilizza. Ad esempio, provate a levare il tappo durante il rapporto: si parte come in uno Shuttle per la stanza! C'è a chi piace.

Il maggior handicap di questo mitico strumento di piacere, è però nella sua stessa gonfiabilità. Infatti, essendo essa una bambola che riproduce perfettamente una donna a grandezza naturale, contiene 60 o 70 litri d'aria circa. Ne consegue che, a forza di soffiare, quando la bambola è pronta tu non ce la fai più. D'altra parte portarla dal gommista è imbarazzante! Una volta però superato questo aspetto negativo, la bambola gonfiabile è uno strumento multifunzionale. Ad esempio con un buon motore Mercury da 20 cavalli risolvi il problema dell'estate: in una botta sola vai in vacanza con la fidanzata e il gommone; l'unico accorgimento è che bisogna stare attenti agli scogli.

Parliamo ora di un altro strumento assai diffuso, ovvero le **PROTESI MASCHILI**. Si tratta di posticci in materiale sintetico, di tutte le dimensioni: si va dal cappuccetto della Bic modello Big Jim, fino all'estintore modello Yeti. La scienza oggigiorno permette di scegliere non solo le dimensioni ma anche le forme: si possono fare protesi di qualsiasi forma, anche di galletto amburghese, se si riesce a superare il problema del cellophan e della vaschetta di polistirolo. Il mondo vegetale è comunque quello che fornisce più spunti: il cetriolo e le banane hanno un grosso successo, ma anche l'ananas ha i suoi estimatori, nonostante la scorza crei qualche problema; i più indecisi si orientano verso un cesto di frutta mista.

Uno strumento di piacere molto meno conosciuto ma degno di grande considerazione, è il **GUESQUEL**. Sapete di che si tratta, cari bambini? Sicuramente no. E infatti non lo sapevo neanche io, finché non ne ho trovato la descrizione su un antico testo scritto da qualche furibondo pazzo sfasolato. Riporto testualmente: « Strumento erotico del Sud dell'India composto da una coroncina di ciuffi di crine di mulo, accuratamente montata su un sottile spago multicolore ». L'uomo si lega questo spago (non vi sto neanche a dire dove) e quindi inizia il rapporto. L'effetto del guesquel è così violento che una donna « urla, piange, stringe i denti, morde, scoppia a ridere, singhiozza, sbava, sussulta e si contorce, dopodiché è sfinita, appagata, rantolante, stordita dalla felicità, svuotata al culmine delle sue possibilità », e tutto questo accade ai confini della realtà. Il libro dice anche in maniera dettagliata come si costruisce lo strumento. So che vi piacerebbe sapere il titolo di questo volume, cari i miei giovani maialini, ma non ve lo dico! (vedi alla voce « sadismo »).

Ma tra tutti gli strumenti di piacere, i più misteriosi rimangono sicuramente gli **AFRODISIACI**. Sono queste particolari sostanze dotate della capacità di produrre un'erezione: so che fa ridere perfino voi, anime candide, ma a Lourdes ci credono.

I più preparati nel confezionare afrodisiaci sono stati i cinesi, gli indiani e gli arabi: tutti popoli i cui capi avevano un harem e non avrebbero mai potuto farcela da soli. E che cos'è mai un harem? vi chiederete voi, piccoli ingenui, con gli occhioni sgranati. Ve lo dico io: un harem è un posto dove diecine e diecine di donne non aspettano che te, non si lamentano mai e ti danno sempre ragione. Il fatto che nessuno ne abbia mai visto uno forse significa qualcosa...

Si narra di un afrodisiaco indiano che permette di amare dodici donne per dodici volte in una sola notte: e pensare che dalle nostre parti stiamo ancora organizzandoci per riuscire ad amare una donna, una volta, una notte ogni dodici! Forse come afrodisiaci non dovremmo usare l'impepata di cozze...

Si dice che abbiano proprietà afrodisiache anche spezie come pepe e peperoncino, che da noi sono molto usati. Il motivo per cui non funzionano forse dipende dal fatto che li usiamo come condimento anziché come impacco sulle parti interessate. E a proposito di cucina, si dice anche che siano altamente eccitanti le ostriche, i tartufi, il fegato di toro e i bucatini alla matriciana. Questo dimostra come esista da sempre una stretta correlazione tra cibo e sesso. Spesso l'uno si sostituisce all'altro procurando piaceri simili, tanto che i più libidinosi arrivano ad applicare degli specchi sulla tavola dove mangiano. I più prudenti invece, per prevenire la gastrite, preferiscono mangiare con il preservativo.

Sono spesso considerate degli afrodisiaci anche le droghe e gli stupefacenti. Sotto il loro effetto si possono avere lunghi accoppiamenti dei quali nascono dei bambini che vanno direttamente a San Patrignano.

Tra gli afrodisiaci più famosi ricordiamo infine il corno di rinoceronte, ma è stato dimostrato che in realtà esso non è affatto afrodisiaco né per chi lo usa né tantomeno per il rinoceronte. Spesso infatti quello che si racconta sulle qualità afrodisiache di certe sostanze è pura superstizione, senza nessun riscontro reale.

Non esiste quindi un afrodisiaco veramente efficace? mi chiederete allora voi anime candide. Sì, vi risponderò io. E vi do qui la ricetta per prepararlo:

> Prendete un testicolo di cavallo senza farvene accorgere dal cavallo stesso. Preso? Bene.
> Procuratevi ora una noce di burro, un pizzico di sale, del cardamomo, un chiodo di garofano, e tre puntine da disegno. Procurati? Bene.

Mettete tutto in un frullatore. Fatto? Bene.

Prendete l'impasto ottenuto e andate in una zona di aperta campagna in una notte di luna piena. Arrivati? Bene.

Ora prendete degli escrementi di pipistrelli e del sangue raggrumato di barbagianni. Presi? Bene.

Mettete tutto per terra e passateci sopra con un trattore. Fatto? Bene.

Sputate per terra sei volte guardando a destra. Sputato? Bene.

Incartate il tutto con una foglia di palma o di platano. Incartato? Bene.

Prendete il cataplasma e spalmatelo sulle spalle: dovrebbe avere un effetto assai afrodisiaco.

Se non funziona provate con una fidanzata.

Cari bambini, credo a questo punto di avervi fornito un quadro sufficientemente esauriente degli strumenti di piacere di cui eventualmente servirsi per le vostre future attività erotiche.

Ma dove trovare tutti questi fantastici strumenti di libidine? vi chiederete a questo punto voi maialini mentre già state per rompere i salvadanai. Ve lo dico io: nei **SEXY SHOP**, negozi specializzati dove tutti parlano piano. Il cliente entra e bisbiglia: «Vorrei una pipilla di gomma». «Come dice?» bisbiglia il commesso. «Vorrei una pipilla di gomma», insiste il cliente sempre sottovoce. «Non ho capito», incalza il commesso sempre sottovoce. «Vorrei una pipilla di gomma», ripete il cliente alzando un po' il tono della voce.

«Di che misura?» chiede soddisfatto il commesso. «La prima», sussurra il cliente. «Come?» chiede con un fil di voce il commesso. «La prima», ribadisce il cliente in un soffio che però basta al commesso per sentire e per fargli ululare con tutto il fiato che ha in gola: «Ginoooo, vai in magazzino e prendi una prima misura per il signore! »

Quindi, per evitare queste figure, trovate delle scuse e che siano verosimili. Per esempio entrate in un sexy-shop e chiedete sicuri: « Buongiorno, vorrei un culo gonfiabile. Sa, sono un infermiere e devo far pratica con le iniezioni... »

XII

I professionisti del sesso

Schietti Frugoletti, sono sicuro che alcuni di voi, giunti a questo punto, si sentiranno un po' intimiditi e spaventati di fronte a tutte le sfaccettature e le possibilità che si nascondono nel fantastico mondo del sesso. Qualcuno si sentirà inadeguato, e avrà paura di non farcela ad affrontare questo universo così variegato. Ebbene, non vi scoraggiate: a tutto c'è rimedio. Se non ve la sentite di affrontare il problema da soli, vi consiglio di rivolgervi a dei professionisti del mestiere, gente di provata esperienza dotata della migliore attrezzatura possibile.

Vediamo chi sono questi esperti, che hanno fatto del sesso la loro professione e la loro vocazione.

Cominciamo dalle **prostitute**.

In molti paesi, fino a qualche migliaia di anni fa, la prostituzione era un lavoro sacro: molte figlie di faraoni erano zoccole e quindi accadeva che molti nipoti di faraoni fossero dei figli di zoccola. Cleopatra stessa si prostituiva e Antonio per accedere ai suoi appartamenti le regalò la Fenicia, la Siria, Cipro, la Cilicia e la Giudea. Cosa dire di questo? «Cazzarola che tariffe!»

Il termine prostituta ha numerosissimi sinonimi. Uno di questi è **baldracca**, termine di origine mediorientale che significa donna di Bagdad: chissà cosa ne pensa di questo Saddam Hussein!

Il sinonimo più elegante e costoso è quello di **hostess**. Chiariamo subito che non intendiamo quelle dell'aereo, anche se il sogno di ognuno di noi sarebbe un giorno sentire le hostess sull'aereo dire durante il decollo: «Le mascherine escono automaticamente, ma ora vi preghiamo di slacciarvi le cinture che al resto pensiamo noi». Oooooohhhh!... l'amore in aereo con una hostess!! (Dico con una hostess perché con il pilota sarebbe molto più rischioso.)

Ma le hostess di cui parliamo in questo capitolo non c'entrano niente con gli aerei: sono infatti quelle delle agenzie a pagamento che, in quanto professioniste, vanno pagate per il loro lavoro. Questo può sembrare strano, considerando che il sesso di per sé sarebbe lo sport più economico che esista. Infatti non è come la vela che devi comprarti gli stivali di gomma, la cerata, il cappellino e il moro di Venezia: nel sesso è tutto a portata di mano e sarebbe tutto gratis ma, come si dice, abbiamo fatto i conti senza l'hostess.

In campo maschile si può a pieno diritto considerare un professionista del sesso il **playboy**.

È questa una grassa e flaccida figura mitologica, metà uomo e metà Porsche, discendente da un incrocio tra un guappo di cartone e una gilera 125. Vive, o per meglio dire sopravvive in cattività sulla riviera d'estate e al Jackie'O d'inverno. La durata media della sua vita va dai tre ai quattro anni poi, come per gli elefanti, c'è un cimitero dove va a morire di nascosto. Si accoppia con donne bioniche fatte per oltre il 60-80% di silicone e collagene e totalmente prive di neuroni: meno capelli ha lui, più ne ha lei.

Esistono anche playboy di campagna dove la Porsche viene generalmente sostituita con una motozappa.

XIII

Le malattie

Siamo così arrivati, passo dopo passo, al capitolo tredici. E di cosa potevamo parlare in un capitolo così jellato? Naturalmente delle malattie, miei giovani e sprovveduti lettori! È bene infatti che voi sappiate i rischi a cui andate incontro, prima di chiudere questo libro e di scatenarvi a mettere in pratica la teoria qui imparata.

Esistono molti tipi di malattie legate all'attività sessuale. Il primo tipo di patologie che analizzeremo sono le cosiddette **MALATTIE PSICOLOGICHE**: esse non hanno una base biologica, ma possono ugualmente avere una pesante influenza sulla vostra vita sessuale.

La più comune e terribile di queste affezioni è il **mal di testa**: antico e universale disturbo tipico delle donne che, quando ce l'hanno, vero o inventato che sia, non te la fanno neanche vedere da lontano, manco se ti tagli le vene.

Una patologia invece più tipicamente maschile è la **distrazione**: svegliarsi la mattina e chiedersi guardandosi a fianco «Chi è costei?» può procurare gravi conseguenze patologiche; svegliarsi la mattina e chiedersi guardandosi a fianco «Chi è costui?» crea rischi ancora maggiori.

Comuni invece sia agli uomini che alle donne sono **complessi**: lasciamo perdere ovviamente i Pooh e i Duran Duran scoperti da Aragozzini, e passiamo subito a quelli psicanalitici scoperti da Freud. Era costui un medico austriaco, considerato il padre della psicanalisi moderna, che ha isolato una serie di patologie legate a situazioni derivanti dall'infanzia, come il famoso *Complesso di Elettra*, che si riscontra nelle bambine incosciamente innamorate del proprio padre, o il *Complesso di Narciso* caratteristico dell'uomo innamorato di se stesso: se l'uomo in questione fosse Giampiero Galeazzi non si tratterebbe di complesso ma di follia pura. Il grande luminare viennese identificò inoltre molti altri complessi meno conosciuti tra cui il *Complesso di Neutralia*, proprio delle donne che temono di avere la pelle brutta e il *Complesso del Dash*, caratteristico di chi ama due donne al posto di una. Il *Complesso di Coppi*, riguardante quelli che riescono a fare l'amore solo in bicicletta, è stato scoperto in seguito, mentre il *Complesso vitaminico* riguarda solo la fidanzata di Carlo Erba.

Sigmund Freud fu anche il primo a intuire l'esistenza dell'*invidia del pene*. Approfondì l'argomento studiando le reazioni di alcuni bianchi che per la prima volta andarono in Africa e videro dei negri senza la mutanda. Essi ebbero una forte depressione e si consolarono dicendo: «Non sono le dimensioni che contano, ma il modo in cui lo si usa». Appena vennero a sapere che anche i negri lo usavano una bellezza, ricominciò la depressione.

Al contrario, il padre della psicanalisi non ha mai studiato un'altro complesso fondamentale, ovvero l'*invidia della vulva*: sindrome patologica assai diffusa della quale io stesso sono affetto, infatti tengo un'amico la cui moglie è una vulva che fa paura e provo molto invidia.

Durante gli anni la psicanalisi si è evoluta e diffusa moltissimo, tanto che oggi l'analista è diventato una figura familiare che aiuta e consiglia: ti elimina per esempio il problema di essere innamorato di tua madre facendoti innamorare di lui, il che è molto più scomodo perché lui abita sempre molto lontano, mentre la mamma ce l'hai a portata di mano; oltretutto la parcella dell'analista è anche molto salata, mentre tua madre non ti farebbe mai pagare.

Passiamo adesso ad analizzare alcune vere e proprie **DISFUNZIONI SESSUALI** che possono impedire lo svolgimento di una sana e corretta vita sessuale.

Nei maschi la più frequente di tale disfunzioni è l'**impotenza**, ovvero l'impossibilità di raggiungere l'erezione. Tale malattia può essere dovuta al troppo lavoro, a grande tensione, a malattie nervose, a stress, a stati ipnotici o a depressione. Certo che se ha questi problemi meglio che stai a casa e non vai in giro appresso alle donne!

Ci sono rimedi per l'impotenza? Si può provare con l'elettroshock, infilando cioè il pistolino nella presa della corrente, ma il risultato non è garantito.

Le uniche donne al mondo capaci di comprensione verso l'uomo affetto da impotenza, sono le donne affette da **frigidità**, malattia che prende il nome da una antica canzone napoletana: « Qu chisti modi oi frigida, tazz'e cafè parite, sotto tenite 'o zucchero e 'a coppa amara site ».

Da un'interessante test di Quark condotto da Piero Angela si è arrivati alla conclusione che frigida è qualsiasi donna che mentre sta facendo l'amore riesce a distrarsi guardando « OK, il prezzo è giusto! ». In questi casi l'unica soluzione è Lourdes.

L'impotenza e la frigidità sono due esempi di disfunzioni sessuali che impediscono di godere dei grandi piaceri del sesso. Esistono però altre disfunzioni che provocano conseguenze opposte.

Ad esempio il **priapismo:** la malattia per cui un'erezione può durare anche sei o sette ore. Essa prende il nome dal dio Priapo, è detta infatti anche « oddio! ». In quanto malattia va curata e bisogna stare a letto, ma, a differenza di quando si ha l'influenza, stare a letto con il priapismo è molto più divertente sia per il malato sia per chi lo cura, e oltretutto il tempo passa molto più in fretta.

Il malato di priapismo rappresenta il partner ideale per la donna affetta da **ninfomania**. Dicesi ninfomane

Cosa vi fa venire in mente?

a) una donna nuda;

b) la monaca di Monza;

c) una cammella ninfomane.

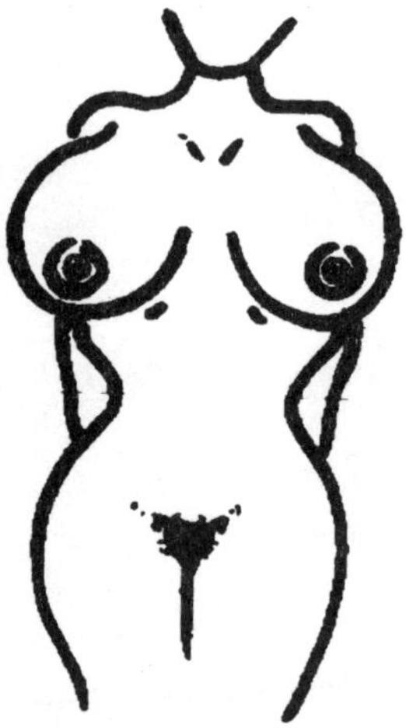

a) una tenda canadese;

b) una cucina economica;

c) una canna da pesca.

qualsiasi donna che ti costringa a stare sveglio più di venti, venticinque minuti anche due o tre volte al mese. Questo nella realtà. Nel racconto mitologico la ninfomane è invece una figura per metà donna e per metà aspirapolvere che si accoppia con te otto o dieci volte in sola una notte, per poi ricominciare all'alba (vedi la voce «bugia»).

Vediamo infine quali sono le malattie che non agiscono sul sesso ma che sono conseguenza del sesso. Le più diffuse sono sicuramente le **MALATTIE VENEREE**: Venereo non è colui che è attaccato al denaro, che come tutti sanno viene definito venale, ma è un termine che deriva da Venere, dea dell'amore.

Una diffusissima malattia che si trasmette col sesso è l'**herpes**, che provoca dei bruciori insopportabili ai genitali o in bocca: ci saranno dei legami tra l'uno e l'altra cosa? Boh! Tra i vari tipi di herpes il più diffuso è l'herpes zoster, anche detto *sfogo di Sant'Antonio*, in ricordo di quando Sant'Antonio in un momento di debolezza si è sfogato e si è pigliato la malattia: bisogna sempre assicurarsi che quelli con cui ci si sfoga siano sani.

Ma la più terribile tra tutte le malattie legate al sesso sicuramente è l'**AIDS**.

Tra i soggetti ad alto rischio ricordiamo gli omosessuali, gli eterosessuali, gli autoferrotramviari, gli elettrauti, le casalinghe, i gelatai e chiunque altro sia in possesso di un pistolino, una pipilla o un sedere. Gli unici soggetti non a rischio sono i palombari e gli astronauti, ma solo quelli che sono stati sott'acqua o nello spazio per più di otto anni consecutivi. Questo infatti è il periodo di incubazione per l'Aids.

L'avvento dell'Aids ha mutato profondamente il costume: è crollato il mito del bello e impossibile, del viaggiatore e dello straniero: tutti personaggi con molta esperienza alle spalle e quindi con più alta percentuale di rischio. Oggi più sei una chiavica e meglio è; più le tue esperienze passate tendono allo zero assoluto, più possibilità hai; quanto meno chiodi hai battuto in passato tanto più viene apprezzato il martello. Ormai infatti si è diffusa ovunque la psicosi che far bene all'amore fa bene all'amore ma fa male alla salute: conosco gente preoccupata per aver toccato una zizza a una tizia nel '74 solo perché costei aveva dichiarato di essere malata di otite; conosco altresì uomini che negli anni passati hanno sposato donne orribili per poter poi andare in giro a fare i cretini con le ragazze e oggi si ritrovano dentro casa un polipo incazzato che ha quasi sempre mal di testa, ma che è l'unico essere al mondo col quale possono copulare.

Se si vogliono ridurre i rischi si deve assolutamente evitare di fare l'amore in presenza di sangue: è sconsigliato quindi avere rapporti su un piatto di roast-beef all'inglese oppure cercare di violentare un pugile dopo un'incontro. È anche opportuno evitare di usare siringhe usate e soprattutto supposte usate. Sedersi su un gabinetto pubblico non dà rischi, a condizione che si sia già alzato quello prima di te. Non dà rischi neanche bere nello stesso bicchiere, non danno rischi le lacrime, le zanzare, né le trasfusioni. Consideriamo anche che il virus dell'Aids non vive a temperature superiori ai 60° o inferiori ai 3°: è sufficiente pertanto utilizzare durante i rapporti il pesce lesso, quindi a cento gradi, o il bastoncino di pesce Findus, quindi a meno 27°. L'amaro Centerbe, nonostante faccia 84°, non è utilizzabile come protezione per l'Aids perché la bottiglia ha il collo troppo stretto.

XIV

I contraccettivi

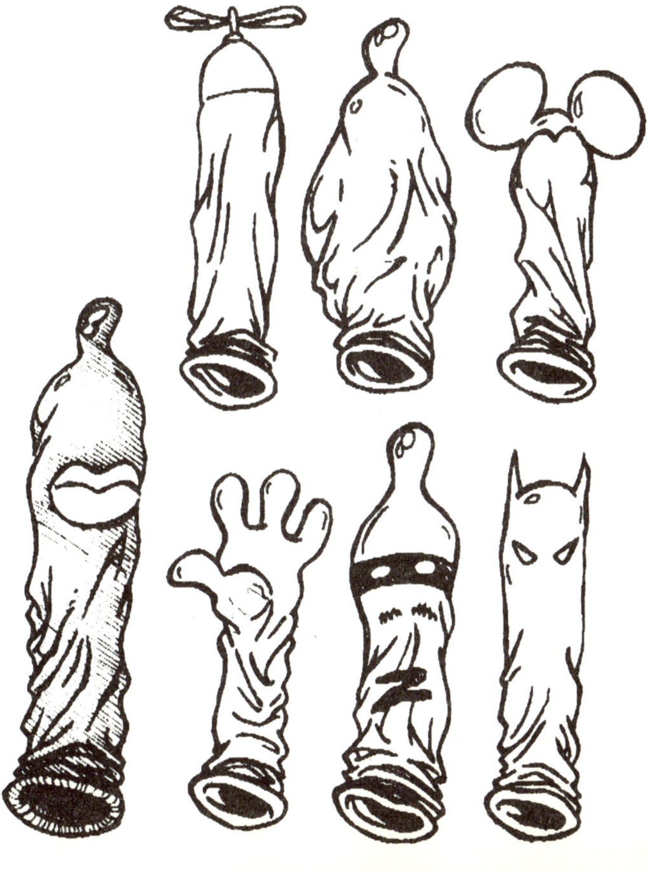

Prima di concludere, miei amati infanti, voglio spendere alcune parole sui vari metodi utilizzati per il controllo delle nascite. I contraccettivi nascono appena la razza umana capisce che la gravidanza è diretta conseguenza del sesso. È la donna che ha capito prima dell'uomo e ha cominciato a porre i suoi rimedi fin dal Paleolitico. Gli studiosi collocano infatti in quel periodo l'invenzione delle caverne separate e si ritiene che il maschio della razza umana abbia scoperto in quei lontani anni l'arte del toccarsi da solo. Era l'inizio dell'era moderna o glaciale e in quei secoli bui si comincia a sperimentare i primi contraccettivi con i quali cercare di sciogliere il ghiaccio.

Alcuni sono ancora in uso, altri sono stati scoperti in seguito, vediamone qualcuno.

Coitus interruptus: ha il vantaggio che non si può dimenticare a casa, però è assai traumatizzante, in quanto crea la sensazione di stare con una donna che ti induca a una rissa: « Vieni fuori, vieni fuori, vieni fuori! » Quello, il tutto, già dura venti secondi e con una che ti si mette dentro una recchia con « Vieni fuori, vieni fuori, vieni fuori », diventa una tragedia greca.

Metodo Ogino-Knaus: sistema oggi adottato solo dai 74 figli di Gino Knaus, per rispetto al vecchio padre.

Pillola: sistema usato dalle donne per farsi venire un gran dolore alle zizze; la pillola non funziona sull'uomo proprio perché non tiene le zizze. Indorare la pillola corrisponde a far nascere i bambini cromati.

Spirale: strumento per non far rimanere incinta le zanzare detto anche zampirone; il fatto che sia usato da più di 50 milioni di donne cinesi spiega come mai in Cina ci sia un sacco di gente e pochissime zanzare.

Diaframma: sistema per fare venire i bambini a fuoco; se andate con la fidanzata in Kenia e in seguito vi nasce un figlio scuro, il diaframma era troppo aperto: in Kenia in caso usate il flash. Molto utilizzato nel mondo dello spettacolo: quando il regista dice a una giovane attrice «signorina mi faccia vedere come usa il diaframma», si sa di cosa sta parlando. Il diaframma nasce nelle Antille dove le donne per evitare di rimanere incinta introducevano nella pipilla mezzo limone spremuto. Da noi è arrivato con molto ritardo, perché prima dell'importazione del limone dalle Americhe le donne hanno provato con mezzo cocomero, ma le difficoltà sono state insormontabili e il progetto fu abbandonato.

Profilattico: strumento importantissimo perché oltre che evitare gravidanze protegge dalle infezioni più tremende. Viene ironicamente chiamato «guanto», e se volete un consiglio, durante la settimana bianca non portate soltanto quelli imbottiti con le cinque dita. Non ascoltate chi vi dice «gettate il guanto»: primo perché non bisogna mai arrendersi, secondo perché ti può venire una malattia.

Lo so, è scomodo, è come fare footing con gli stivali di gomma, per non parlare della messa in opera, però è pratico: come si dice, «copriti che se no ti prendi un malanno». E considerato i malanni che ci sono in giro, è facile capire come questo strumento sia diventato indispensabile negli anni Novanta: quando manca lo si sostituisce perfino con la camera d'aria della Vespa. Bistrattato fino a qualche anno fa perché non dava il contatto, è oggi fabbricato anche in alluminio: perfetto contro le malattie e in caso di difficoltà sostiene anche.

Per cercare di renderlo più familiare e simpatico si è scatenata la fantasia dei suoi costruttori, che si sono sbizzarriti con nomi, forme, colori e optional vari. Oggigiorno se ne possono trovare di tutte le forme, anche a foggia di Paperino, Topolino o Batman: quest'ultimo però crea dei problemi per via delle orecchie a punta. Viene fabbricato anche in molti gusti, perfino alla fragola e al mirtillo, anche se non è chiaro il motivo: probabilmente per ottenere l'effetto Calippo. Anche i nomi scelti per i vari tipi di profilattico sono quantomeno bizzarri: « Sentilo », « Mettilo », « Chiappalo », « Prendilo », « Mammolo » e « Cucciolo » per i più piccini.

Il profilattico è entrato ormai nel costume, si vende anche al supermercato, a metri: si taglia la misura desiderata, si fa un nodo e via.

Si è negli anni così perfezionato che oramai è in grado di fare tutto da solo: allunga, accorcia, ritarda, stimola, ammirula, fa il caffè e dopo ti offre anche una sigaretta. Se ne vendono a doppio effetto, triplo effetto, quattro effetti, tutto il cucuzzaro.

Uno dei più richiesti è quello ritardante, acquistando il quale si ricevono le congratulazioni del farmacista che con aria simpatica ti stringe la mano e ti dice: « Bravo, anche lei è del club dei dodici secondi! » Mi sono sempre chiesto come sia fatto dentro un preservativo ritardante: forse c'è un omino piccolino che dice: « Piano, vai piano, non correre pensa a me! »

Due parole vanno spese anche per il modello stimolante per lei e ritardante per lui, che è ottimo: l'importante è metterlo nel verso giusto.

Appendice

Ora sappiate, miei semplici amici, che in alcuni libri si preferisce eliminare l'appendice mediante una piccola operazione chirurgica detta appendicectomia. (Ah ah ah, questa sì che è bella!)

In questo manuale si è scelto invece di tenerla, per inserirvi la ricostruzione scientifica di alcune pagine fondamentali della storia del sesso.

Quello che leggerete di seguito, o miei sempliciotti, è frutto di anni di indagini e ricerche scientifiche condotte personalmente da me medesimo a prezzo di sacrifici inenarrabili, al solo scopo di stabilire la verità su alcune questioni spesso sottovalutate o addirittura sconosciute.

La vera storia del famigerato «punto G»

Il punto «G» fu scoperto dal ginecologo Grafenberg nel 1950, anno in cui fu inventata la televisione, ragione per cui il punto «G» passò in secondo piano.

Ma vediamo le tappe salienti di questa importante scoperta. Prima di ricevere la laurea ad honorem, Grafenberg era un umile postino, il quale notò che leccando i francobolli essi avevano un piccolo sussulto. «Se fa quest'effetto ai francobolli figurati...» disse lui, e cominciò la ricerca in laboratorio con gli animali.

Per prima cosa scoprì il punto «L», zona erogena dei lombrichi, animali poco sensibili che danno minime soddisfazioni. Così, dopo averli leccati per anni, Grafenberg passò agli esperimenti sulle cernie.

Non fu facile leccare cernie a 18 metri di profondità in apnea, ma tanto disse e tanto fece che in sei mesi questo geniale studioso scoprì il punto « C ».

Sull'onda di questi successi, e grazie ai finanziamenti di un'appassionata mecenate, certa signora Esedra, Grafenberg iniziò un lungo periodo di ricerche. La signora Esedra si prestò personalmente alla sperimentazione, e per questo suo atto di abnegazione le fu in seguito intitolata una piazza.

Per due anni Grafenberg esplorò questa benefattrice dell'umanita in lungo e in largo, riuscendo infine a trovare il punto « A », zona posta sotto le ascelle. Questa scoperta gli costò un'asma che non lo lasciò più.

Tentò quindi una seconda spedizione, questa volta in dirigibile sull'esempio del comandante Nobile, ma appena Esedra lo vide svenne e l'esperimento fu sospeso.

Per il punto « P », che individuò sul piede, Grafenberg commise un errore che lo fece lavorare inutilmente per quattro anni: si dimenticò di levare le scarpe ad Esedra, consumando così tutta la vernice e il lucido dei mocassini della signora. L'intervento del calzolaio costò 25 lire di allora: una cifra inaudita, pari a circa 7500 lire di oggi.

Nel 1948 la signora Esedra era ormai molto provata, e Grafenberg partì per l'ultimo tentativo. Ma non fu molto fortunato, infatti si perse e non dette notizie per molti mesi, tanto che fu mandato a cercarlo un altro ginecologo, di cui tutti ricordano la famosa frase nel momento del ritrovamento: « Mr. Grafenberg, I suppose!? »

Fu sulla strada del ritorno che Grafenberg per puro caso si imbattè nel punto « G ». Esedra era al colmo della gioia.

Grafenberg compilò una mappa sulla quale segnò la strada per raggiungere il punto « G », ma dopo pochi giorni sparirono sia la mappa, che Grafenberg, che la segretaria ventenne di Esedra. Ancora oggi queste sparizioni sono rimaste un mistero.

Io personalmente sto cercando di ricostruire la mappa di Grafenberg, quindi ne approfitto per rivolgere un appello in nome della ricerca scientifica: chiunque avesse una zona erotica mi telefoni o mi scriva per comunicarmene la posizione e la strada per raggiungerla. Si prega di inviare nome, cognome, numero di telefono e fotografia a figura intera. Risponderò personalmente a quelle che esporranno i casi più interessanti.

La vera storia dell'invenzione della pillola

La pillola anticoncezionale fu inventata da un medico di nome Pincus, il cui slogan era: « Diffondiamo la pillola in tutto il mondo: si risparmia sui funerali e ci si diverte molto di più! » Vediamo che strada seguì questo grande scienziato per arrivare alla soluzione finale. La pillola nacque dopo lunghe sperimentazioni e travagliate gestazioni e il parto non fu facile (scusate il gioco di parole!).

Pincus, come molti studiosi, testò la sua invenzione sulla figlia Rosaria. Dopo anni e anni e anni di studio, finalmente nel 1914 lo scienziato intuì che bisognava ingerire un anticoncezionale al giorno: ma nonostante Rosaria ingoiasse un preservativo a ogni pasto, non succedeva nulla.

Nel 1919 Pincus sperimentò la pillola di zucchero, che aveva una caratteristica fondamentale: non bisognava prenderla né prima né dopo il rapporto, ma invece. Dal punto di vista anticoncezionale era ottima, però toglieva qualcosa al piacere del sesso. Quindi, per ovviare a questo inconveniente, Rosaria sperimentò per i fatti suoi una pillola di 23 centimetri e riuscì comunque a divertirsi.

Soltanto nel 1923 si arrivò al tentativo della pillola di Valium, con la quale si ottenevano discreti risultati. Bisognava prenderla due ore prima dell'atto sessuale: non si rimaneva incinta e ci si riposava anche.

Dello stesso anno fu anche il tentativo della pillola del « durante ». Il durante non era un medico, come qualcuno può erroneamente pensare, bensì un sistema scientifico elaborato per l'appunto da Pincus. Egli si metteva fuori della porta della camera da letto della figlia e, appena sentiva il fidanzato di Rosaria iniziare a soffiare come un facocero, apriva la porta di scatto e urlava con quanto fiato aveva in gola: « Rosariaaaa, devi andare a prendere la pillola!! » Il fidanzato di Rosaria finì alla Neuro, ma il sistema funzionava.

Fu soltanto nel 1943 però che il dottor Pincus arrivò a un risultato definitivo e potè brevettare la sua sofferta invenzione.

Pincus morì nel 1968: aveva 74 anni e 106 nipoti, tutti figli di Rosaria.

La vera storia della circoncisione

La circoncisione è una pratica comune a molte religioni. La spiegazione di tale fenomeno così diffuso si è avuta con la scoperta di un antico documento Cheyenne rinvenuto nell'Ohio e scritto di proprio pugno da Manitù. Questo è il testo integrale di tale straordinario diario.

Grandi praterie, notte dei tempi, anzi: giorno prima dei tempi.

Caro diario, stamattina mi sono svegliato co' nu male 'e capa terribile, ma ne valeva la pena.

Avevo invitato a casa mia per un poker e una merenda Budda, Confucio e il Dio di Abramo, Isacco e Giacobbe, che noi amici chiamiamo per comodità D. Ci eravamo seduti al tavolino e prima di iniziare la partita D. spezza il pane e mi dice: «Manitù, mi passi la nutella?» E Confucio, seduto alla sua destra: «Manitù, visto che stai in piedi prendi pure il salame!» E D., spezzando un altro sfilatino: «Passa il vino!» «Ne voglio anch'io!» interviene Budda. Allora io propongo: «Ragazzi, volete che apra un'altra bottiglia di acqua di fuoco, poca acqua e tanto fuoco?» La apro. A un certo punto Confucio tira fuori un'ampollina da tre o quattro litri: «Questo è un sachè fatto da mia mamma che è la fine del mondo!» e noi tutti in coro: «No, no! Che fine del mondo che l'abbiamo appena creato!!» e giù tutti a ridere. A quel punto Buddha tomo tomo, chiatto chiatto, si alza: «Guagliò, se non lo dite in giro vi faccio provare un nero che ho portato da Katmandu che vi scamazza il triangolo che tenete in testa tutti quanti ne siete...» Dopo undici milioni di anni di questa iacovella, sara stato il sachè, sara stata l'acqua di fuoco, saranno state le canne, non ce n'era uno di noi che si manteneva in piedi. Allora a me viene l'idea: «Perché non facciamo uno scherzo agli uomini?» «Chi sono gli uomini?» chiede Confucio assai confuso. «Quelli che abbiamo creato a nostra immagine e somiglianza», rispondo io ridendo, «e il bello è che ci hanno creduto!» Pure D. rideva fino alle lacrime. «Facciamogli un gavettone!» propone Budda, ma lo fischiamo tutti: troppo scontato. «Annodiamogli i lacci delle scarpe», suggerisce D., «l'ho visto fare alla Valtur e si divertivano come matti!» «Capirai», interviene Buddha, «alla Valtur si divertono pure con Fiorello!» e giù a ridere come matti. Allora D. prende l'iniziativa: si affaccia da sopra una nuvola e chiama: «Uomini, ueiiii!» «Cosa c'è, o Signore?» risponde il popolo ebreo che, guarda quando si dice il caso, stava proprio sotto quella nuvola. «Tagliatevi il prepuzio!» Buddha, Confucio e io ce ne stavamo nascosti dietro la nuvola a fianco e ci spanciavamo dal ridere. «Che cos'è il prepuzio?» chiede il popolo. «Troppo difficile da spiegare», dice D., «fate una cosa, tagliatevelo tutto!» «Non ci facciamo prendere dalla fretta! Spiegaci che cos'è il prepuzio e ci tagliamo quello», risponde prontamente il popolo. «È la punta», dice D., e tutti e quattro ci rotolavamo dietro la nuvola dalle risate. A questo punto gli uomini si stavano innervosendo: «Chisto s'è ubriacato n'ata vota...» «Non fate i capricci», dice D., «sono io che vi ho creato! La vita è un dono di Dio...» «E non era meglio una scatola di cioccolatini?» replica il popolo in coro. E incautamente pensano: «Cos'altro ci chiederà adesso? Di buttarci da una torre legati per le palle?» E subito noi dall'alto: «Ehi voi laggiù! ci è venuta un'idea per un bel gioco: chi si butta da una torre legato per le palle vince!» e giù risate a crepapelle.

Caro diario, è dovuto intervenire l'Onu per porre fine a quella escalation: peccato, perché ci stavamo proprio divertendo! Per fortuna ce la siamo cavata con una multa per ubriachezza molesta e dopo ci siamo addormentati tutti come sassi. Ci siamo svegliati dopo una ventina di milioni di anni: la sbornia è passata, ma co' sto male 'e capa a chi gli va di spiegare agli uomini che avevamo scherzato?

AUGH.

Bibliografia

Per la realizzazione di questo testo sono stati consultati: la *Summa theologica* di Tommaso d'Aquino, l'opera completa di Proust, il Codice Hammer di Leonardo da Vinci, *Guerra e pace* di Leone Tolstoj, il *Manuale delle giovani marmotte*, la Stele di Rosetta, le *Ore mese*, *Novella 2000*.

Si ringrazia altresì per la loro testimonianza: Manitù, Bill Clinton, la mamma di Ciro, Debora che adesso avrà 40-45 anni ma era una meraviglia, Gianni Letta, Previti, Bokassa, Linda Lovelace per la sua conoscenza approfondita della lingua, Sarti, Burgnich, Facchetti, Bedin, Guarneri, Picchi, tutti gli abitanti di Sulmona, le gemelle Kessler, Raffaella Carrà, Don Lurio, Don Mario e Don Bairo l'uvamaro.

Si ringrazia altresì per i viaggi il Club Mediterranée e Ellessedì Tour.

Non si ringrazia nessuno per gli abiti, e le musiche.

Indice

6 LA BIBLIOTECA DEI COMICISSIMI

Stampa e legatura:
Grafica Editoriale Printing Srl - Bologna